清明

文字·苏 槿
插画·萧三闲

五洲传播出版社

图书在版编目（CIP）数据

清明 / 苏槿，萧三闲著. -- 北京：五洲传播出版社，2021.1（中国节）

ISBN 978-7-5085-4505-9

I. ①清… II. ①苏… ②萧… III. ①节日 - 风俗习惯 - 中国 IV. ① K892.1

中国版本图书馆 CIP 数据核字 (2020) 第 203188 号

文　　字	苏　槿
插　　画	萧三闲
出 版 人	荆孝敏
责任编辑	梁　媛
装帧设计	红方众文　朱丽娜
出版发行	五洲传播出版社
地　　址	北京市海淀区北三环中路 31 号生产力大楼 B 座 6 层
邮　　编	100088
发行电话	010-82005927，010-82007837
网　　址	http://www.cicc.org.cn，http://www.thatsbooks.com
印　　刷	天津图文方嘉印刷有限公司
版　　次	2021 年 1 月第 1 版第 1 次印刷
开　　本	787mm×1092mm　1/32
印　　张	5.25
字　　数	160 千
定　　价	49.80 元

正是一年春好、近清明

如果用一种颜色来形容清明节,你想用什么色?

灰色吗?因为"清明时节雨纷纷,路上行人欲断魂"。

又或者是白色?因为"燕子来时新社,梨花落后清明。"

似乎都有道理,似乎又不尽其然。

清明节,到底是一个怎样的节日?有人说,清明节是一个祭祖追思的日子;也有人说,清明节是一个踏青游玩的节日;还有人说,清明是暮春时节的重要节气。

清明节,的确"身份"复杂,在岁时更迭和情感表达中都扮演着重要的角色。追溯清明节的来历与发展,可知它集清明、寒食、上巳三节于一身,具有特殊的意义和文化作用。中国当代著名作家、学者冯骥才曾说:"上巳节尽管已基本消失,但其踏青、插柳等传统习俗已被融合进了清明节之中。因此,清明既有祭扫、寒食等感伤性的内涵在其中,又有踏青、蹴鞠等亲近自然的众多民俗活动。这个节日由此便被赋予了两层含义,一是近人情、传哀思,在追忆前人中牢固人与人

之间的情感；二是在踏青、插柳等活动中走近大自然，亲近大自然，达到天人合一的境界。"

天人合一，不仅是一种思想，更是一种状态。在当下的时代语境里，就是倡导一种热爱生命、热爱自然的生命观。这与"慎终追远、民德归厚"的清明本意是一体的。

作为春天里的一个节气，"万物生长此时，皆清洁而明净"，草木生发，其叶蓬蓬。这是一个桃红柳绿、莺飞草长的时节。清明节一过，春天就进入了尾声，因此，清明节也是为了提醒人们珍惜春光，珍惜这一片春绿。

阳春三月，万物生机盎然，在这样的时节祭扫先人，是感恩生命的延续；在这样的时节踏青游春，是享受生命的活力。

这正是清明节作为中华民族重要的传统节日，至今依然魅力四射的根本原因。因此，清明更应该是绿色的。

清明所体现的更深层次的文化意义还在于，人与自然的和谐共生，现在与过去的和谐共存，人与人的和谐共处。而这共生、共存、共处的体系，正是生态文明建设的核心使命。

清明时节，绿意满满的春光铺遍华夏大地，神州一片欣欣向荣，人们行走在绿水青山之间，祭祖、扫墓、踏青、郊游，尽情拥抱这一片生命的绿色，是一幅多么美好的画面。

目录

序
正是一年春好、近清明 _ 005

第一章
清明，从节气到节日 _ 011

清明，首先是一个节气 _ 014
清明节为何总在四月五日前后？_ 017
介子推与寒食节 _ 019
祭扫：从寒食到清明 _ 023
唐宋时期的清明与寒食 _ 027
踏青与谈情 _ 029
清明上巳共一时 _ 033

第二章
这样过清明才好 _ 037

慎终追远，催护新生 _ 040
田间地头忙春耕 _ 049
亲蚕，清明大如年 _ 055
清明茶，贵如金 _ 068

改火，清明日出万家烟 _ 070
踏青游乐，玩法很多 _ 076

第三章
清明，尝鲜正当时 _ 111

子推燕、子推馍 _ 114
清明食艾：咬下一口春意 _ 118
待到清明黄花开，要吃清明粑 _ 122
斗过鸡蛋吃鸡蛋 _ 126
滚过枣蛋馍，才算过清明 _ 129
清明螺，赛过鹅 _ 131
清明餐桌，野菜当道 _ 134

第四章
自带"文艺范"的清明 _ 137

画中清明：《清明上河图》_ 140
苏东坡与《寒食帖》_ 147
留住清明的诗情画意 _ 150
名家写清明 _ 155

第一章

清明，从节气到节日

"清明时节雨纷纷,路上行人欲断魂。借问酒家何处有,牧童遥指杏花村。"这是杜牧笔下的清明。

"梨花风起正清明,游子寻春半出城。日暮笙歌收拾去,万株杨柳属流莺。"这是宋人吴惟信《苏堤清明即事》所描绘的清明。

一边是无限追思,一边是赏春谈笑。那么,清明到底是怎样的存在呢?

在唐代之前的农历三月,清明节并非"一家独大",和它相近的,还有两个重要的节日:寒食节和上巳节。而现今我们所说的清明节其实是融合了寒食节和上巳节之后的产物。所以现今的清明,是一个日程排得满满的节日。农人忙着春耕,人们忙着祭扫,祭扫完毕还要聚会、郊游、踏青。少说一天得行上一万步吧!心也没有闲着。既要缅怀先祖,用追思开启这一天;又要释放压力,展望未来,拥抱新生。

清明，首先是一个节气

"日薄花房绽，风和麦浪轻。

夜来微雨洗郊坰。

正是一年春好、近清明。"

——苏轼《南春子·晚春》

微雨洗去轻尘，满眼清澈明净。气清景明，是谓清明。寒冬已经走远，春天从此展开画卷，厚厚的棉衣终于可以褪去，轻装上阵，出门踏遍春光。这一日，缓缓中带着许多平静和美好。

清明节，据传始于周代，距今已有2500多年的历史。一说源自帝王的"墓祭"之礼。秦汉之前，墓祭只是帝王贵族的活动，作为平民老百姓，是没有墓地的。直到汉代之后，老百姓才开始有了自己的墓地，可以为逝去的亲人举行缅怀和祭奠活动，称之为"家祭"。墓祭自周代起，是一项自帝王阶级而起的礼俗活动，直到后来，祭祀、缅怀先祖才成为中国人的传统。只是在周秦时代，这样的祭祀活动并没有明确在清明日，更谈不上

称其为清明节。后世,人们将此作为清明节祭祀的源流,到底是不是附会上去的,也未尽可知。

可见,"清明"一称可能最早出现在周代,但有关其最早的记载是在汉代,作为一种节气被正式提出。二十四节气起源于黄河流域,是中国古代劳动人民智慧和劳动实践经验的结晶。它根据地球绕太阳公转的轨道上的位置变化,制定出以太阳历中表示时令变迁的 24 个特定节气,对古代农事作业起了至关重要的指导作用。

上古时期，中国古人已经开始了对节气的探索，直到西汉年间，《淮南子·天文训》中第一次完整地记载了"二十四节气"的名称并说明了确定方法。清明，作为一个节气才真正形成。至于"清明"是什么？《淮南子·天文训》有记载："春分后十五日，斗指乙，则清明风至。"意思是说，春分后的第十五天就是清明，如若斗牛星和太乙星相对（二者皆是古星座名），那么清明这日必定有澄明清澈的风来。

清明风到底是一股怎样神奇的风？"东风也作清明节，开遍来禽一树花。"宋人陈与义的《清明二绝·其一》中说，清明节作东风，风一来，花开满树。清明风果真是东风吗？春秋的《国语》一书将一年中刮起的"八风"都起了好听的名字：东风即明庶风、南风即景风、西风为阊阖风、北风叫广莫风、东北风叫条风（又叫融风）、西北风叫不周风、西南风叫凉风、东南风叫清明风。这"清明风"就是八风之一，从东南方而来，清爽明净。这是自冬至之后，吹的最温暖和煦的风。那么，陈与义的"东风也作清明节"是错了吗？其实，在清明前后，除了盛行东南风外，也时常作东风，可见诗人描述的也是事实。

总之，春分后十五日，天地便是和风如斯，细雨如丝，阳气上升，万物萌发，正是天清气明之时。

清明节为何总在四月五日前后？

二十四节气中，既是节气又是节日的只有清明（其实在历史上，冬至节气曾经也是一个重大节日）。作为和春节、中秋节、端午节、重阳节一样的中华民族传统节日，清明节为何不像它们一样，以农历日子来推算，而偏偏是在公历的4月5日前后呢？

因为清明首先是一个节气。二十四节气本就是根据地球绕太阳公转的轨道位置来划分的。从根本上讲，二十四节气是阳历算法。地球公转一周为黄经360度，当地球到达黄经零度时为春分，到达黄经15度即清明。因此，每个节气在阳历上的日期都是相对固定的。当然由于闰年的关系，也稍有差别，但最多相差不超过三天。因此，民间常说"四五清明"，这只是一个大致时间，实际上并不完全准确。清明的日期，确实多以4月5日出现，但也有4月4日和4月6日的。而春节、中秋这样的传统节日，则是以阴历制定的，因为存在闰月现象，因此每年时间都有差别。

更有趣的是，清明正好在冬至后的第108天，在古人的心中，108是个圆满、吉祥、寓意深远的数字，将"大如年"的冬至后108天定为清明，可见这一天在古人心中的分量。的确，清明一来，连初升的太阳都分外清新，大地流转着欣欣向荣的阳气，正如《岁时百问》中说道："万物生长此时，皆清明而明净，故谓之清明。"

从清明开始，农事开始繁忙起来。因为气候变暖，雨水滋生万物，春情萌动中，便迎来了春耕的好时节。"清明前后，种瓜点豆"，"雨打清明前，洼地好种田；清明雨星星，一棵高粱打一升"……都是清明节气的农事谚语。清明时节，"一候桐始华；二候田鼠化为鴽；三候虹始见。"意思是说，清明后五日，桐花开放；再五日，田鼠开始消停，而一种名为鴽的鸟儿（又说鹌鹑）开始活跃，所以古人便想象为田鼠变成了鴽；又五日，天空中便可见美丽的彩虹。而二十四番花信风中，清明又有"三信"：一候桐花，二候麦花，三候柳花。

你若盛开，清风自来。清明，花都开好了，清风不请自来。

介子推与寒食节

作为二十四节气之一的清明，一开始应该是一个"辛勤指数五星"的节日。它的存在是为了提醒人们要开始干农活了！那么，这个节气又是如何一步步丰富成为现在的节日的呢？这就不得不说一说古代另外一个非常重要，但现如今已经不存在了的节日——寒食节。

如果要给清明节选一个代表性人物，这个人非介子推莫属。而说到介子推，就不得不说与之相关的寒食节。也正是因为寒食节节俗的融入，清明节才从一个地道的自然节日走向纪念先祖的民俗节日。

原本，古代盛极一时的寒食节在清明之前的一两天。顾名思义，寒食，就是要吃冷食，禁烟火。关于寒食节的由来，有两种说法。一种是学者观点，认为其起源于周代的禁火制。在过去，社会生产力不发达，人们便会保留火种。初春时节，天干物燥，存留的火种极易引发火灾。当然，这一点还跟周人的火神崇拜也有关。周人认为，农历三月，大火星（即心宿二）

会出现在东南方的天空,大火星属火,春天则属木,木遇火易生火灾,因此,古人会将上一年的火种全部熄灭,这就是"禁火"。而后,再重新钻燧取火,这叫"改火"。一禁一改之间,不能生火做饭,人们便只能吃事先备下的冷食,这便是"寒食节"的由来。

另外一种说法,则具有十分广泛的群众基础——纪念著名的忠臣义士介子推。他的故事至今仍广为流传在山西绵山一带。绵山是中国清明节(寒食节)的发源地,中国寒食清明文化研究中心。

清明时节,若你到山西介休走上一走,就会发现这里的家家户户都在做精美的面点。若问他们为何要做这些,他们说,这是为了纪念当地的一位先人——"燕子传奇"介子推。

春秋时期,晋国公子重耳为躲避晋献公骊姬的迫害,不得不四处流亡。这一出走,就是19年。在此期间,跟随他的人死的死,伤的伤,出走的出走,慢慢散尽,只剩下几个忠心耿耿的"死士"追随。这其中,就有介子推。为了躲避追兵,重耳一行只能选择走人迹罕至的路,少食又疲惫不堪,终于有一日,重耳不堪重负倒下……几个臣子寻不到食物,万分焦急之下,介子推割下自己腿上的肉,让人熬成肉汤。重耳喝了这肉汤逐渐恢复体力。

62岁的重耳历经19年苦难后,终于回到晋国成为国君,也就是历史上著名的晋文公。在苦尽甘来之时,晋文公大封群臣,却独独忘记了生命中这个重要的人物——介子推。而此时的介子推已经还乡,携老母亲隐居绵山。

悔恨的晋文公亲自去寻介子推却不得。有人给他建议,放火烧山吧!这样就能把介子推逼出山了!于是,晋文公在绵山脚下放火,大火烧了整整三天三夜,火尽之后,介子推也没有出来。当晋文公带人搜山时才发现,介子推已经和他的母亲被烧死在一棵柳树前。晋文公痛惜万分,下令从此以后,每年的这一天,禁止生火。因为没有火,人们便不能吃热的饭食,这便成了寒食节的由来。后人在这则故事的基础上还加了不少内

容：晋文公第二年又来到了绵山，发现介子推被烧死时背靠的那棵柳树又发了新芽，树洞里还有一封衣襟血诗："勤政清明复清明"。有人说，介子推的故事显然是后人附会到寒食节中去的，但人们还是愿意相信寒食节与介子推的关系。因为介子推和晋文公的故事，讲的是一则关于施恩与感恩的故事，充满了人性的温度和爱的交接。

汉代以前，寒食节禁火的时间较长，以一月为限。而寒食节禁生火、吃冷食的诏令毕竟是有违常理的。《后汉书·周举传》中就曾说道："春中寒食一月，老少不堪。"于是，汉代之后，寒食节便确定为清明前的三天。《荆楚岁时记》有明确记载："去冬（至）节一百五日，即有疾风甚雨，谓之寒食。禁火三日，造饧大麦粥。"即便到了唐代，寒食节期间禁火食冷食的习俗依然盛行，人们靠事先煮好的冷麦粥、冷饧维持。一直要到三天后的清明节，人们才可以钻燧取新。正如贾岛在《清明园林寄友人》中所描述的："晴风吹柳絮，新火起厨烟。"而皇宫中取新火的习俗更是隆重，更像一场比赛，先得新火者还有奖励。"至清明，尚食内园官小儿于殿前钻火，先得火者进上，赐绢三匹、金碗一口。"（《辇下岁时记》·钱易）不过后来，由于寒食节与清明相连，寒食节与清明节逐步融合为一。

祭扫：从寒食到清明

每当清明时节，中国人总是习惯准备好逝去亲人生前爱吃的东西，举家出动，到先人的坟前行礼、告慰。几千年来，在清明节那天通过扫墓来哀悼亲友，依然是中国大多数地区最普遍的祭扫形式。

不管是源于周王朝的禁火令，还是晋文公为了追思介子推而在全国范围内推行的禁生火、吃冷食的命令，寒食节从一开始就是一个吃着干粮过的节日。至于后来如何演变为一个怀念亲人、祭拜先祖的节日，然后又何以成为清明节的主题的呢？这事，还得回溯到介子推的故事。

介子推忠臣护主，纵然感天动地，但其生活的年代却是诸侯国分崩离析的春秋战国时期。介子推的祖国——晋国，也只是周王朝几十个诸侯国中的一个，面积不大，影响力也不深，而晋文公的诏令也不至于影响整个周王朝。介子推的故事，起初只是在绵山脚下传颂着。

直到汉朝建立后，国家日趋安定。这个时候，西汉思想家、

政治家、教育家董仲舒从天人合一的角度解释了国家大一统的必要性,得到了汉武帝的认同。为了加强中央集权,汉武帝"罢黜百家,独尊儒术"。

既然要独尊儒术,忠君抑臣,倡导忠孝理念,就要树立一个典型。因而,对晋文公有"割股救命"之恩的介子推被推上"道德领袖"的神坛。儒家学者们将介子推的故事广为弘扬,这里面有没有"添油加醋"的成分不得而知。但在介子推故去450多年后,他的故事才真正开始在华夏大地广为传播。

忠诚,是君王看重的品格,而百姓则更看重介子推作为人子纯孝的一面。介子推随重耳流亡避难,一走就是19年,回到晋国时,母亲已然70高龄。介子推低调随母亲归隐度日,尽一个儿子未尽的孝心。直到现在,人们在给介子推塑像时,往往会让他和母亲一同出现。这也说明百姓对他的喜爱和尊崇。

介子推与清明寒食的关系无证可考,多半是后人根据美好的愿望和想象附会而来的。而祭扫一事,一般认为,直到汉代才开始有了祭扫的传统。祭祖、缅怀先人的情怀就是追随着介子推尽孝的精神。

那么,古代的祭扫一定是在清明节这一天吗?

在过去,坟地一般选在山坡、林间,若遇上下雨,非常不好走。祭扫的时间一般会选择在春天雨季到来之前,但不一定是在清明这一天。

唐开元二十年(732年),唐玄宗下诏:"士庶之家,宜许上墓,编入五礼,永为常式。"祭扫上升为国家礼制,"寒食上墓"约定成俗。既然皇帝提倡祭扫,自然是从臣民开始无不上心的。在朝为官的,要赶回家去祭扫,一来二去,恐耽误了正常上班。怎么办呢?干脆就放假吧!起初,寒食节只是放假四天;到了唐代宗大历十二年(777年),诏令衙门放假五日;唐德宗贞元六年(790年),寒食假期再次提档,成为一个长达7天假日的"黄金周"。"秋冬贵阳冬贵蜡,不如寒食在春前。"可见,当时寒食节的风头之盛,甚至盖过了重阳和年终蜡祭。

到了宋代,寒食连清明依旧放7天长假。宋《岁时广记》中说:"清明前二日为寒食节,前后各三日,凡假七日。"也就是说,7天假既是给寒食节的假期,亦是给清明节的假期。

寒食连着清明,到底哪一天扫墓其实也是混淆不清的。只是随着祭扫的盛行,两节期间,除了吃冷食的祭扫之俗,又添加了在坟前给故去的亲人烧些纸钱的风俗。但是烧纸钱要用火,这种做法和寒食节的习俗是有冲突的。所以,人们便将烧纸钱的风俗挪到清明节这一天进行。也就是说,唐宋时期的祭扫活动,应该是在寒食清明的长假内择日进行,而烧纸钱之俗,则确定在清明节当日。

唐宋时期的清明与寒食

唐宋之前,在彰显孝心、表达哀思的内涵方面,寒食节独大,清明只是寒食的一个"小跟班"。唐以后,因为寒食期间禁火,到了清明这日要换取新火,有了新火便可以给逝去的亲人烧纸钱,这一日也就变得越来越重要了。在唐宋诗人的笔下,寒食节和清明节的内涵已经统一。只是对两节的称呼,有的称之为"寒食",有的称之为"清明"。比如唐代杜牧的名句"清明时节雨纷纷,路上行人欲断魂";宋代杨万里的《寒食上冢》:"梨花自寒食,进节只愁余。"还有将寒食清明连说的,比如白居易《寒食野望吟》:"乌啼鹊噪昏乔木,清明寒食谁家哭。"在当时,寒食、清明可谓"你中有我、我中有你"。一本记述唐代各项典章制度沿革变迁的史书《唐会要》记载:唐代宗大历年间,朝廷敕令:"自今以后,寒食同清明。"

于是,在唐代,寒食和清明几乎已经融为一个节日。清明之时,上坟、扫墓、烧纸钱,一个原本为二十四个节气中的节令变为了拥有纪念、缅怀内涵的节日。晚唐至宋以后,禁火、吃冷食之俗逐渐转衰，到元代大体消亡。"寒食"一步步走向衰落，"清明"却一天天突显。到了宋代，寒食节的内容完全合并到清明节当中，至此，祭拜祖先、缅怀先人之俗作为清明节的重要核心内涵延续至今。

踏青与谈情

如今的清明节,其活动似乎比较单一了。等到清明放假之时,人们也是暂时放下手中的工作,去给亲人扫墓。这是清明节的基调,自形成以来就未曾改变过的底色。除此之外,清明还有什么色彩呢?你又了解多少,还能记住多少呢?

其实,放眼清明,祭祀先祖固然是一大重要活动,但外出踏青也是清明节的核心内涵之一。正是因为踏青的加入,使得清明节在思念的氛围之上,又增添了玩乐的属性。"梨花风气正清明,游子寻春半出城。日暮笙歌收拾去,万株杨柳属流莺。"在吴惟信这首《苏堤清明即事》中,游子寻春,几乎倾巢出动,而且是"朝而往,暮而归",整整玩一整天。是啊,春光醉美,清澈明净,这么好的时节,又有谁不喜欢呢?因此,在过去,清明节亦有"踏春节"之称。

清明时节,踏春、游春正当时。但偏偏有人对这游玩之事看不惯了。这人是谁?唐高宗李治。

《唐会要》中记载:"或寒食上墓,复为欢乐。坐对松槚,曾无戚容。既玷风猷,并宜禁断。"这段记载至少说明,在唐朝初期,寒食节上墓、赏春游玩已经蔚然成风。尊崇孝道的唐高宗不满如此,认为百姓在扫墓之后又欢快地郊游是对先人的"大不敬",于是,干脆下令禁止过寒食节。但是,民间习俗并没有因为朝廷的禁令而衰减,反而过得越来越兴盛。以至于到了唐玄宗时期,朝廷不得不再次颁布敕令,恢复了寒食节上墓之俗,但也规定不得扫墓后就地饮食作乐。

当然,这二位皇帝颁布的法令都是囿于寒食节的,但因为寒食节连着踏春节清明,这样的整顿也就收效甚微了。俗话说得好:"不以快乐为目的的节日都是耍流氓",更何况,坟地本就在青山绿水间。去祭拜了先人回来,一路春光明媚,叫人如何不流连忘返呢?于是乎,你规定你的吧,我该吃喝照样吃喝,我该赏春依旧赏春。

清明踏青游玩之俗,固然占了"天时"的因素,但也有人说,还有"上巳节"的助力。

上巳节,为中国古代一大节日,形成于春秋末期,一开始定在农历三月上旬的巳日,魏晋之后改为农历三月初三。上巳节的习俗归纳起来就三点:一是到水边举行祭祀仪式,并到水中洗浴,以拔除过去一年中的污渍与秽气,称为"祓禊";二是招魂续魄,在野外或水边召唤亲人亡魂,也召唤自己的魂魄苏醒、回归;三是春嬉,青年男女在郊外踏春,并自由择偶。自魏晋之后,水中洗浴、招魂之俗逐渐消失,祓禊也逐渐演变为

临水的酒会。

一开始，上巳节的踏青宴饮和清明扫墓后的春游还算分头行动，但因为农历三月三的上巳节往往就在清明节期间，过着过着，这二节的习俗便过到一块去了。由此，上巳节重郊游的习俗被纳入清明节习俗中。

在踏青、郊游的外壳下，其实还包裹着上巳节"约约约"的浪漫里子。它其实还是一个地道的"情人节"。《周礼》中的"中春之月，令会男女"，有学者解释，这是当朝政府允许男女谈情说爱，不受干涉的意思。以至于也有人认为，三月三就是周朝默许的"法定情人节。""溱与洧，方涣涣兮。士与女，方秉蕑兮。女曰：'观乎？'士曰：'既且，且往观乎？'洧之外，

洵吁且乐。维士与女,伊其相谑,赠之以勺药。"(《诗经·郑风·溱洧》)

2500多年以前,这样大胆的、质朴的爱恋就已经在山水之间回荡,动人情肠。

"去年今日此门中,人面桃花相映红。人面不知何处去,桃花依旧笑春风。"在唐代崔护的《题都城南庄》中,我们似乎闻到了爱情的味道。是啊,春光最易催生春情,在春天里,爱情的发生多么的自然而然啊!

自宋代以后,理学渐渐兴盛,上巳节的浪漫渐渐式微,但是爱情的色彩却悄然融入清明节,成为清明节一抹令人心动的色彩。

清明上巳共一时

有人说，早在唐代，清明、寒食节、上巳节已经三源归一，融合一体，有唐代诗人王维《寒食城东即事》一诗佐证："少年分日作遨游，不用清明兼上巳。"

唐代的羊士谔也曾作《寒食宴城北山池》："别馆青山郭，游人折柳行。落花经上巳，细雨带清明。"这也是典型的"一诗并三节"。

在唐之前，清明还没有正式成为一个民俗节日，自唐代起，清明节才逐渐成为一个融合寒食节和上巳节习俗的重要民俗节日。唐前期，虽然一些诗人笔下多提到"寒食"，但其实质已经趋向于今天的清明节。到了唐末宋初，随着上巳节祓禊之俗的衰落，人们开始更注重水边的游乐。"三月三日天气新，长安水边多丽人。"当踏青、游玩的主题上升为上巳节的第一大主题时，寒食节和清明节的界限也在渐渐模糊。宋元时期，已经出现了如宋人周必大所说的"清明上巳共一时"。可以想象，吃冷食、扫墓、踏青、放风筝、荡秋千、玩蹴鞠等多种活动交织在一起，

卖小货的，赶集的都纷纷往街上去凑着热闹，如此一个"春日盛集"，便是《清明上河图》中描摹的样子。

再加上，晚唐至宋，吃冷食之俗渐渐淡出，到元代几近消亡，"寒食节"之名越来越少被人提及；宋代，上巳节也慢慢消失，向清明节靠拢并为其所整合。于是，我们可以这样认为：自唐代起，清明节作为一个以祭祀为主题，融合寒食风俗和上巳踏青风俗的民俗节日已经形成；唐末至宋，当寒食、上巳日渐式微，清明节却吸收、融合了二者的精华，延续并发扬光大；明清时期，清明节愈发盛行，成为春天一个不可替代的大节日。1935年，中华民国政府明定4月5日为假日清明节，也叫作民族扫墓节。除此，清明节也成为当时的"植物节。"

如今，清明节同春节、端午节、中秋节并称为中国四大传统节日。2006年5月20日，经国务院批准，清明节入选第一批国家非物质文化遗产名录。受汉族文化的影响，满族、壮族、侗族、土家族、苗族、黎族、瑶族、鄂伦春族等24个少数民族也有过清明节的习俗。在一些汉字文化圈及我们的周边国家，如韩国、越南、马来西亚、新加坡等国也有过清明节之俗。

清明，不仅是一个法定节日，更是一个民族不可或缺的精神载体。

那漫天的雨雾中，我们轻声地将哀思在心里默念；那跳跃的火光中，幻化出亲人熟悉的身影；那无限的春光中，又有着蓬勃向上的生命力。冬去春来，周而复始，有人离开，又有新生命的降临。四季轮回，光阴流转，清明，不是一个简单的告别。

第二章 这样过清明才好

当忙着春耕的清明节遇上吃寒食、重祭祀的寒食节后，清明节开始披上"孝礼"的外衣；当以踏青、谈恋爱为基调的上巳节和清明寒食碰撞之后，清明节又多了一层欢乐的里子。清明节习俗的外延被放大，与之相随的民俗活动也逐渐丰富起来。

也不知道是因为清明需要尊崇的习俗过多，才让古人任性地过上了"清明黄金周"，还是因为"清明黄金周"的到来，才让古人想出了更多适合在清明节玩乐的花样来？于是，清明假期里，一天春耕、一天上墓、一天改火、一天采茶、一天拜马头娘、一天出门和友人树下喝酒对诗，一天在自家院子的杏花雨下荡起秋千来……好不忙碌，好不逍遥。

今天的人，回过头看看过去的清明，不免生出几多羡慕。在时光的流转中，一些习俗和民俗活动虽然已经渐渐湮没，却不应该被我们忘记。

慎终追远,催护新生

"十年生死两茫茫,不思量,自难忘。千里孤坟,无处话凄凉。纵使相逢应不识,尘满面,鬓如霜。夜来幽梦忽还乡,小轩窗,正梳妆。相顾无言,惟有泪千行。料得年年肠断处,明月夜,短松冈。"苏轼的这首悼念亡妻的《江城子》,成为千百年来人们追忆故人时最是喜欢低吟的句子。

记得小时候,但凡有老人去世,父母总是说,"他们到天上去了。"可是"天上"在哪里?在孩子幼小的心里,总有一个疑问。直到清明时节,跟着父母回到老家,深一脚浅一脚地踩着泥巴,来到一个个长满青苔的坟头,才突然明白,原来,他们是去了这里。

清明春祭,举家去扫墓

春祭,自汉代开始兴起,一般选择在清明时节进行,因为这个时候天气和暖,斜风细雨,适合户外活动。与之相对的是秋祭，一般在重阳节举行，以祭奠宗族先人，从前一般在家族的祠堂中进行，俗称家祭。

唐代以前，春天的墓祭一般是在寒食节，到了唐代，上墓之风日盛。因为国家的鼓励和提倡，许多人不远万里回到家乡祭奠先人，很显然，寒食节的几天假已经不够用了。于是，官方又颁布法令，将清明与寒食节连在一起放假，如此一来，更加助推了清明上墓之风。再加上寒食禁火，清明取火，于是，很多人将给亡人送纸钱的事宜连同上墓祭祀都留待清明日一起进行。唐之后，寒食节式微，清明节融合了寒食节的习俗，并一直延续至今。

回忆起过往的清明节，总是细雨纷纷。这场雨，下进了唐代诗人杜牧的心里："清明时节雨纷纷，路上行人欲断魂。"这场雨，也飘进了当代诗人张智深的梦中："十载未还乡，开门惊自语。你从何处来，披着清明雨。"雨点连成一段段惆怅，汇聚成一团团思念，化作亲人的两行热泪，挥洒在一座座新坟旧坟前。那沉重的思念之情，就像压在心中的一块大石头，便只有到了清明这日，才能得以疏解。所以，文人墨客多写清明，爱写清明。"乌啼鹊躁昏乔木，清明寒食谁家哭？风吹旷野纸钱飞，古墓累累春草绿。

棠梨花映白杨树，尽是生死离别处。冥漠重泉哭不闻，萧萧暮雨人归去。"这是唐代诗人白居易的《寒食野望吟》；"风雨梨花寒食过，几家坟上子孙来？"这是明代高启的《送陈秀才还沙上省墓》；"南北山头多墓田，清明祭扫各纷然。纸灰飞作白蝴蝶，泪血染成红杜鹃。"这是宋代高翥所做的《清明》。

古人扫墓，要挂青（清明节活动之一）。一座坟头清明是否挂青，是一个家族是否后继有人、兴旺发达、父慈子孝的标志。地域不同，挂青活动也有差别。最简单的，是在祖先坟头挂上白纸剪成的纸串即可。要铲除坟上的杂草，摆上供品，要上香祷告，还要焚烧纸钱、燃放鞭炮（清明旧俗。纸钱，也就是冥币，是一种供给死者在阴间使用的钱币，由生人在春节、清明、中元节以及死者祭日通过焚烧的方式"送"给死者。后来，烧纸钱之俗也在升级换代，不仅烧冥币，还烧化纸做的飞机、豪宅、豪车等。近些年，因为文明祭祀的提倡，烧纸钱、燃放鞭炮等习俗在城市里已不多见）。

明嘉靖安徽《池州府志》记："清明扫墓：季春朔日，士女诣墓所墓扫，祭毕加土于冢，挂楮标其上，馂余而返。"就是说，要给坟墓上添几把新土，要在树枝上挂些枝条，或者在坟上插木棍，上面挂上纸条（或为上坟时用到的纸钱，因为寒食禁火，故而撕掉或者挂起来），最后在亲人的坟前吃掉酒食再离开。

每年清明之时，不管身在何方，一脉相承的中华儿女总是回到故乡那一捧黄土前，恭敬地燃上一炷香，向先人叩首行礼。

这是身的回归，更是心的回归！

告慰先祖，是对生命的礼赞

清明祭祖，不单单是汉民族的传统，一些少数民族基于本民族的生存理念和生死观，也对清明祭扫非常看重。比如壮族人就要在清明这一日，全家出动，带上壮族人特有的五色饭，还有香烛、纸钱等到坟前去祭拜。有的人家还会将五色饭的染料渣撒在屋子外围或者墙脚下，以求驱邪保平安。

四川西昌地区的彝族人，在清明时节还要垒坟，也就是将开裂的坟重新垒土。上坟的时候，和汉族人一样，带上纸钱、食物和酒，因为当地多大山，为了防火，一般不烧纸钱，只是将纸钱用石头压在坟上，再在坟前吃完食物，喝点酒，就算与先人团聚了。祭祀的时候一般有祭词，大多都是希望逝者安息，祈福生者长乐安康之类。

云南的纳西族人在清明节祭祀时，会念纳西族的祭祀词，意思大概是："杜鹃花开，布谷鸟啼叫，春暖花开时，我们携您的后辈来给您看您。请您慢慢享用食品，并保佑我们在新的一年健康，子女能有美好前程。"

和中国相隔千山万水的墨西哥也在每年有一次亡灵节，这是墨西哥人纪念死去亲人的节日。在这个节日里，他们相信，逝去的人可以从亡灵界穿越回来，和在世的亲人一起狂欢。

墨西哥亡灵节是印第安文化和西班牙文化结合的产物。印第安土著认为，只有善待亡灵，才能反哺活着的人。只有亡灵高兴了，活着的人才能获得最大的庇佑，无病无灾，生活幸福。这其实和中国人对待生死的态度是一致的。

每年的10月31日起，墨西哥会举国欢度"亡灵节"。通常，11月1日是他们的"幼灵节"——祭奠死去的孩子，11月2日才是"成灵节"——祭奠死去的成年人。

墨西哥的著名作家、诺贝尔文学奖获得者奥克塔维奥·帕斯说："死亡才显示出生命的最高意义，是生的反面，也是生的补充。"这样的生死观在电影《寻梦环游记》中得到充分的体现。电影里说，"人的一生有三次死亡。第一次是生物学的死亡；第二次是社会宣布你死亡；第三次是最后一个记得你的人离开这个世界。"真正的死亡，是世界上再没有一个人想念你。从电影里我们可以看到，墨西哥人在祭奠亡灵时，载歌载舞，通宵达旦，在他们的脸上，看不到悲伤，只有温情。

如果你曾经去过墨西哥的亡灵节，或者看过《寻梦环游记》这部电影，就知道，墨西哥的亡灵节是彩色的。画着时髦妆容的狂欢者们涌上街头，大街小巷，也成了花的海洋。墨西哥人以斑斓的色彩告慰死去的亲人，表达对生命的喜悦。

我们的邻国柬埔寨，每年要过一个超长版的"清明节"，在他们国家，叫"亡人节"。这个节日从每年的佛历10月1日持续到15日（柬埔寨佛历新年为每年的4月13日至15日）。其中，

第一日至第十三日,是各自在家举行"家祭"的日子,到了第14天,家家户户开始包糯米饭、粽子,其中的一部分,要专门拿到佛寺去祭拜亡灵。在第15日,柬埔寨人几乎倾城出动,涌向各大大小小的寺院,带着他们准备好的食物和祭祀物品。他们会先将粽子或者饭团扔在寺院的角落,据说是为了让那些"孤魂野鬼"也能不饿着肚子。接下来,大家聚在一起,热热闹闹地享用午餐,这也是在为亡灵传送功德。

俄罗斯人的"清明节"在每年的4月底5月初,和当今的中国人一样,举家前往墓地祭扫,这是他们的"纪念死者节"。这个节日特地被安排在复活节之后,就是希望在世的亲人不要为故去的亲人感到悲伤,而要为他们到了另一个世界得到安息

而感到欣慰。他们有个特殊的风俗，要在故人墓前供上绘有彩色图案的鸡蛋，据说这样可以得到故人的庇佑。除此之外，还会带上俄罗斯人离不开的馅饼、美酒等祭祀。礼毕，全家人围坐在墓前聚餐，每个人都会饮上一杯伏特加，只是碰杯和饮酒时都需保持安静，以示对死者的尊重吧。

菲律宾人的扫墓集中在每年秋天的万圣节和万灵节，这两日，也是墓地的"旺季"。和大洋彼岸的墨西哥人一样，菲律宾人也自带欢乐节奏，可以把他们的"清明节"过成一个活脱脱的狂欢节。比如，在墓地周围搭起帐篷，准备好各种食物和各种娱乐节目，卡拉OK，打扑克，做美食盛宴，通宵达旦，彻夜不眠。在故人的墓前，一场穿越生与死的家庭派对正在拉开……

日本的"清明节"其实就是我们的"中元节"，时间在每年农历的七月十五，叫"盂兰盆节。"和中国人的清明节一样，日本的盂兰盆节也要放假3天，城市里的人要回到乡下祭祖，不能回来的人要请人代为祭扫。一时间，乡下变得热闹，平日繁忙的都市竟然显得有些冷清。夜幕降临，重头戏——盂兰盆舞开始上演。大家围成一个大圆圈，欢迎亲人的亡灵回归人间，和大家一起"共舞"，以这样独特的方式，告慰祖先，提醒生者感恩生活。

缅怀故人之恩，不忘生命本源。在波兰的春天，也有类似的"亡人节"；新加坡的华人盛行过"中元节"，泰国的华人则和我们一样，过清明节……同一个世界，有着同一种追思、感恩情怀。虽然形式各异，风俗不一，但这样那样的"清明节"，其实都是关乎生命的节日，都是一个值得我们去追忆，去反思的日子。

其实无论是中国人还是外国人，大家都有一个共同的信念：对先人的爱，应该跨越生死；缅怀先祖，追忆逝者，更是为了感恩天地，感恩生命。"人生有酒须当醉，一滴何曾到九泉。"意思是，人活着的时候，就要有酒当饮，有歌当和。人死之后，儿女们在坟前洒下的酒又有哪一滴真正流向了他们往生的地方呢？本着一颗善良质朴的心，过好自己的一生，才是对父母养育之恩最好的报答，是对生命最好的诠释。

祭奠先祖，催护新生。缅怀过去，是为了更好的出发。

清明，春暖花开，我们慎终追远，既是对爱的回报，更是对生命的礼赞。

田间地头忙春耕

清明节气来临的时候,天地一派祥和。古人总结清明节气的几个特点:一候桐始华,二候田鼠化为鴽,三候虹始见。清明,已经是暮春时节,阳气更盛,很多花儿在这个时节已经开始凋谢,而桐花则迟来了一些。高高地挂在桐树下,结满了一树的紫白色,那是生命的涌动。清明又多雨水,有了水,便消散了尘埃,才能在雨后复见彩虹。真是"拆桐花烂漫,乍疏雨、洗清明"(柳永《木兰花慢·拆桐花烂漫》)。

梯田灌水备春耕

春情萌动,万物生发,我们既要顺应时节,好好享受生活,也要抓住时机,认真耕耘。

清明小长假,摄影发烧友们扛着"长枪短炮"赶往广西桂林龙胜县的龙脊梯田。有经验的人提醒说,想要住在山上,一定要早早地下手订房。在中国众多梯田中,龙脊梯田享有盛名,甚至还有"世界梯田之冠"的美誉。龙脊梯田分布在海拔300～1100米之间,最大坡度达50°,层层叠叠,从山脚盘绕至山顶。

人们不远千里地来到这里,爬上山顶,到底是想看什么呢?清晨,推开窗,满目清明。深吸一口气,仿佛鼻孔里、肺里都挂满了水滴。抬头一看,青山茸茸,低头再一看,梯田已是春水泱泱。每年四五月间,是龙脊梯田开始灌水的日子,灌水期通常持续一到两周,之后,让水慢慢渗入土壤。灌水后的梯田呈现银白色,轮廓更为婀娜,堪称"山坡上最美的曲线"。摄友们要等的是一早一晚,当柔和的春光洒向大地,一面面银镜上,落下星星点点的金色光芒,这就是农人口中价值千金的"灌水未插秧,水波荡漾的春日风光"。红瑶的长发少女也背着背篓出来了,一片青山绿水间,她们的红色衣裳显得格外生动。如果

运气好，还能欣赏到一场农夫春耕的劳动图景。

无独有偶，清明过后，贵州黔东南从江县西部月亮山腹地的加榜梯田，农人们也开始了一年一度的灌水。当层层梯田倒映着古朴的苗家村寨，便勾勒出一幅返璞归真的春耕图。这样的场景还出现在浙江丽水的云和梯田，湖南新化的紫鹊界梯田，江西崇左的上堡梯田……古老的梯田，在清明的春光中，为乡土中国平添了些许诗意之美。

重视春耕，才有秋收

"春种一粒粟，秋收万颗子。"春耕春种很重要。早在两千多年前，《荀子·王制篇》说记载："春耕、夏耘、秋收、冬藏，四者不失时，故五谷不绝，而百姓有余食也。"春耕，自惊蛰、春分后陆续开始，到了清明、谷雨，便是春耕最忙时。

清明的农谚，也大多围绕着春耕来说，如"清明前后，种瓜点豆""清明谷雨紧相连，浸种春耕莫迟延""春分早，谷雨迟，清明种棉正当时""三月清明早下秧""种树造林莫过清明"……这些足以说明清明时节的农业生产，是当年能否丰收的关键。

清明时节，一场传统特色的农耕祭祀活动正在广东清远连山壮族瑶族自治县举行。首先出场的，是一群戴着面具的壮族汉子跳起的傩舞，他们呼唤着赶逐着，好似在向上天祷告，引来众人围观（傩舞是传统社会具有祭祀礼仪性质的原始舞蹈，

历史悠久,以驱瘟逐疫、祷神求安、祈求风调雨顺、五谷丰登为主要目的。)随后,才是春耕仪式的重头戏——赶牛犁田。水牛被壮家阿爹赶下梯田犁地,赶牛人吹响了春天的号角。游客们纷纷下田,用鞭子轻轻抽打这头带着美好憧憬的"春牛",提醒水牛更为提醒自己,春时勿要懒惰。随后,农民掀开春耕的正幕。而在地头的另一端,一场热闹的农家春宴也摆上桌面,袅袅炊烟,饭菜飘香,火热的春日劲头溢满壮山壮寨。

200多年前的春天,"劳模"雍正帝也正在田间劳作着。这一天,他不是九五之尊的皇帝,而是一位像模像样的农民。皇帝亲耕,这在大清朝并不是什么新闻,在中国古代史上也并非没有先例。自周代起,周天子就要耕种自己的那"一亩三分地",作为一种国家典礼,"亲耕"有祈求丰年,劝农劝稼之意。

清朝皇帝亲耕的时间,一般在仲春的亥日进行。亲耕礼是十分隆重的。自雍正皇帝起,在正式开耕前,皇帝要先到西苑(今中南海)丰泽园前的演耕地练习,这是十分必要的。到了亲耕那日,皇帝更要起个大早,着礼服,前往城南的先农坛。"围观群众"分为两拨:不从耕的官员立于午门、内金水桥和外金水桥南叩送;从耕的官员则先一步到先农坛恭候圣驾。

古时的亲耕礼,主角是皇帝,另外还有一个主角——一头春牛。一干礼仪过后,皇帝右手秉耒,左手执鞭,前有二位耄耋老人牵牛,旁有二位农夫扶犁,后面是顺天府丞背着青箱(装种子的箱子),户部侍郎播种,更有礼部、太常寺以及銮仪卫的六位官员护驾。一时间,鼓乐齐鸣,皇帝在完成三个来回后,宣告"三推三返"亲耕礼毕。这样的盛况,被画进了一幅《雍正帝先农坛亲祭图》中。

传统农业社会,春耕农忙,少不得畜力帮忙。牛,在古代农事活动中占有非常重要的地位。虽说亲耕礼不一定是在清明节期举行,但在很多地方,清明却有"饭牛"之俗。"饭牛",就是喂牛、饲养牛。如何"饭"呢?那一定得是吃顿好的!有

的地方，会煮上一大锅小米干饭，或是高粱米饭、豆子饭，请牛饱餐。甚至还会熬煮上一锅青菜汤给它们喝。吃好喝好，才有力气干活。这也恰好说明，清明一到，春耕的活儿确实很重。除此之外，人们还要在清明当日借牛讨个好彩。比如，在牛额头上点上红点，以示吉利。

时至今日，许多人尤其是孩子们已经很难想象清代陈恭尹在《耕田歌》中说到的"春日至，农事始，鸡未鸣，耕者起"的景象了。春耕很忙，很累，却也苦中有甜。

"郊外杏花坼，林间布谷鸣。原田春雨后，溪水夕流平。野老荷蓑至，和风吹草轻。无因共沮溺，相与事岩耕。"这是唐代诗人李德裕在《忆平泉杂咏·忆春耕》中的描述。你看，郊外的杏花开了，布谷鸟儿叫着，春雨一落，田里蓄满了水。都说"好雨知时节"，春雨来了，农人们自然是喜上眉梢。

"布谷飞飞劝早耕，春锄扑扑趁春晴，千层石树遥行路，一带山田放水声。"清代诗人姚鼐的《山行》中，布谷飞，春锄扑，放水声，好一幅春晴耕种喜乐图。

一亩田，一畦地，一颗种，一爬犁，春耕固然有辛劳，却更有丰收的期待，耕作的乐趣。

亲蚕，清明大如年

好像每个人小时候都有过养蚕的经历。清明前后，当房前屋后的桑树开始吐露新芽，妈妈就从外面带回来一盒比蚂蚁还小的白色小物，软糯糯的，说这是蚕宝宝，要小心养护它们，待它们长大了，就可以吐丝，那些丝可以用来纺织。孩子们并不知道从一条细细的蚕宝宝到一条漂亮顺滑的丝巾，要经过多少复杂而精心的环节，只是希望能养好这些蚕宝宝，将来能吐出蚕丝。带着这样美好的期许，孩子们爬上桑树去摘那最嫩最鲜的桑叶。桑叶取回后，要用干净的毛巾仔细擦去两面的露水，否则，小蚕子吃了会泄泻生病的。养蚕子，至今依然是小孩子们最喜欢的春日游戏。

我国是世界上最早种桑养蚕的国家，早在三四千年前，在黄河长江流域就已开始种桑养蚕并利用蚕丝织绸了。蚕桑与农耕，在中国古代一直是最重要的生产活动。蚕桑业是中华民族智慧的结晶，也是"丝绸之路"的源泉。

"你耕田来我织布，我挑水来你浇园。"耕田织布，夫妻双双把家还,可不就是最最重要、最最幸福的事了吗?

亲蚕礼,劝课农桑

古代中国,每逢农历三月间,除了帝王亲自参与的亲耕礼外,还有一场盛大的国家大典举行。这场大典由皇后主持,众嫔妃、命妇都要出席,名为亲蚕礼。这是一场祭拜蚕神嫘祖(相传嫘祖发明了养蚕之法、抽丝编绢之术,被尊称为"先蚕")的礼仪,意在养桑喂蚕,以鼓励国人勤于纺织。亲蚕礼,自周代起,历代多有沿袭奉行。《春秋·谷梁传》中就说:"天子亲耕,王后亲蚕"。

在今天的台北故宫博物院,藏有一幅清宫画师郎世宁的作品《孝贤纯皇后亲蚕图》。孝贤纯皇后,就是乾隆皇帝的结发妻子富察氏。

1744年,也就是乾隆皇帝登基的第九年,清廷举行了自开国来第一次祭先蚕神的典礼,也就是亲蚕礼。这场亲蚕礼就是由孝贤纯皇后主持的，参与者也都是女性。祭祀的先蚕坛位于京城北郊，日子在三月吉巳日，也就是今天的清明前后。大典举行前，先蚕坛上要事先立起黄色幕帐，帐内摆放好蚕神的神位以及祭祀供品如猪牛羊、酒等。皇后和一同参加大典的嫔妃、公主以及其他陪祀人员都要提前两天进行斋戒，到了正式行亲蚕礼的那日，均着朝服到先蚕坛。

整个祭礼恭肃而繁缛，先对蚕神行六肃三跪三拜礼（六次躬身作揖、三次跪下、三次拜首），再对已经出生的蚕行躬桑礼。这其中，还包括一项最有特色的皇后采桑礼，这在《孝贤纯皇后亲蚕图》中也有描绘。采桑礼，顾名思义，就是采摘桑叶。皇后用金钩和金筐，妃嫔用银钩和黄筐。皇后首先采得三片桑叶，之后，众人再接着采摘，同时还要唱采桑歌。待妃嫔、命妇、宫女诸人采集好桑叶后，蚕妇便将桑叶切碎了喂蚕。至此，祭礼礼毕，但亲蚕礼的仪式并未完全结束。因为待蚕结茧后，蚕妇还会挑选出好的进献给皇后，皇后再进献给太后和皇帝，之后还要再择吉日，亲自缫丝若干，染成朱绿玄黄等色，才算最终完成了亲蚕礼。

蚕乡的清明围着蚕事转

亲蚕礼是中国古代由皇后主持的最高国家祀典，它在春天的吉日进行，以鼓励妇女们勤于纺织，也代表了统治阶级对纺织业的重视。在民间，人们对蚕事也格外重视。

农历三月，蚕忙时节，桃花朵朵，桑叶油亮，这一月，又被称为蚕月。东汉《四民月令》中记载："清明节，命蚕妾、治蚕室"，意思就是提醒人们，从清明节开始，要开始搭建、修缮蚕房，准备起早贪黑地忙碌了。蚕是蚕农的"命根子"，茅盾先生在《春蚕》里就曾写道："才只得清明边，桑叶尖儿就抽得那么小指头儿似的，他（老通宝）一生就只见过两次。今年的蚕花，光景是好年成。三张蚕种，该可以采多少茧子呢？"在《春蚕》里，老通宝一家忙碌清明，不过就是"一切临时借贷都是指明在这'春蚕收成'中偿还。他们都怀着十分期待又十分恐惧的心情来准备这春蚕的大搏战！"

养蚕，关键还是看清明。在素有蚕乡之称的浙江桐乡，一直流传有"清明大如年"的说法。在这里，清明的前一天晚上，被称为"清明夜"，在蚕农的心中，这一夜丝毫不亚于除夕夜。和除夕夜吃年夜饭一样，清明夜也要吃清明夜饭，还有占岁、贴门神、襄白虎（过去，民间认为白虎是养蚕的大敌。于是，人们通过画弯弓、桃青等巫术以及贴门神祛攘，祈求蚕业丰收）等事。清明夜饭的准备可谓考究，选取的是时令的清明节气小菜，更是为了讨一个吉利的口彩。如，准备一碗芽蚕豆，因为芽蚕豆是由蚕豆发出来的，吃了它养蚕便会"兴发"。清明时节，田间地头冒出不少马兰头，清明食马兰头，本就是重要的习俗，但对于蚕农来说有着更深一层的含义：马兰头郁郁葱葱，能醒目，蚕娘吃了必定眼力好，将来一定能挑出最好的蚕茧来。除此之外，还有吃糯米藕、炒螺蛳、清明圆子等，也都是为了讨一个好彩头。

在过去，除了像模像样地准备一顿清明饭外，桐乡人还有"听声卜蚕"的习俗。人们根据"神"的指引走到门外，根据听到的声音来占卜今年蚕事的丰歉。如果听到狗叫"旺旺旺"，则代表蚕事兴旺；若听到羊叫"咩咩咩"（没没没），丰收的指望便没了。虽然这样的旧俗没有任何科学依据，但在靠天吃饭的旧时，却寄托了不少蚕农的美好心愿。

清明蚕花会，蚕农皆拜马头娘

我国的浙江、四川、江苏等地是传统的丝织业发达地区，在过去，每逢清明，民间会举行盛大的祭祀活动，浙江等地至今还有清明供奉蚕花娘娘的庙会。

蚕花娘娘是谁？是蚕神嫘祖吗？清明时节，人们要祭拜一位先蚕神，这位先蚕神就是嫘祖，除此之外，各地还要供奉蚕花娘娘。传说，这位蚕花娘娘原是天宫的仙人，名叫马头娘，因为犯了事，被玉帝贬斥到人间，成为吃桑叶的蚕。马头娘一边吃桑叶，一边把桑树上的桑葚送到嫘祖身边。嫘祖心细如发，她发现了蚕子吃桑叶，吐丝，丝又能织成绢和帛。后来，嫘祖被大家推为先蚕神，而马头娘也被民间尊为马明菩萨、蚕花娘

娘。直到今天,我国很多地方的人仍然管蚕叫"马头娘"。

宋代,蜀中供奉马头娘蔚然成风。宋人《乘异集》中记载:"蜀中寺观,多塑女人披马皮,谓之马头娘,以祈蚕事。"都说春蚕是质量最好又产量最高的，民间祭拜马头娘，自然是为了求少些灾病，多些丰收。

在过去，清明一到，蚕农要将布满了蚕卵的蚕纸带到蚕花娘娘庙里祭拜，祈求蚕花娘娘的庇佑，因此，蚕花庙会便热热闹闹地搞起来了！浙江的乌镇等水乡，祭祀活动多在船上进行。除了到庙里祭拜，还有迎蚕神、烧田蚕、摇快船、闹台阁、拜香凳、打拳、龙灯、翘高竿、唱戏文等一干活动。而浙江含山地区，蚕花庙会还有"轧蚕花庙会"一说，蚕桑习俗（含山轧蚕花）已在2008年入选第二批国家级非物质文化遗产。如今，"含山蚕花节"已成为当地一个盛大的民俗旅游节日。

含山，位于湖州市与嘉兴市，南浔、德清与桐乡的交界处，长久以来，这里都是江南蚕桑的主要产地。传说，含山是蚕神的发祥地和降临地，蚕花娘娘曾在清明节化身村姑踏遍含山每寸土地，留下蚕花喜气，此后谁来含山，谁就能把蚕花喜气带回家，得个蚕花廿四分。含山也因此成为浙北杭（州）嘉（兴）湖（州）蚕乡的"蚕花胜地"。含山清明"轧蚕花"习俗便由此而生。

含山的轧蚕花庙会一说起源于唐代，又说兴起于宋代，明清以来日趋兴盛。每年清明杭嘉湖各地盛行"轧蚕花"庙会。而含山轧蚕花内容最丰富，盛况在其他庙会之上，堪称蚕花庙会的代表。庙会期间，含山及周边地区的老百姓蜂拥而至，人山人海，热闹非凡。

传统的含山"轧蚕花"活动主要有背蚕种包、上山踏青、买卖蚕花、戴蚕花、祭祀蚕神、水上竞技类表演等。蚕农们每年清明都要背着蚕种包去含山"沾喜气"。蚕姑在踏蚕花地之前都要先到山顶宋塔旁的蚕神庙里进香。年长的人身背红布"蚕种包",包上自家今年头蚕蚕种纸,绕山一周,让蚕种染上含山的蚕神喜气,以祈求今年蚕茧丰收。

含山轧蚕花是热闹又好看的。来参加轧蚕花的多是青年男女,每位女子都会专门插一朵用彩纸或绸娟扎成的"蚕花"在头上,五颜六色,像彩蝶一般在绿云间翻飞。据说,这种插蚕花的习俗还是从大美女西施那里传下来的。相传,西施被送往吴国时,经过现在的杭嘉湖一带,便将一种蚕花分送给了当地的蚕妇,预祝蚕花丰收。那一年,果然家家蚕花廿四分,从此,当地蚕妇便有了簪戴蚕花的习俗。清明时节,含山郁郁葱葱,春光甚美,蚕女们沿着山路且歌且行,心情畅快。

"轧蚕花"讲究的是一个"轧"(吴地方言,意为热闹、拥挤之意)字,人越多越好。如果你也要去参加轧蚕花,一定要往人堆儿里扎。当地人说:"轧发轧发,越轧越发。"在过去,轧蚕花也是男男女女倾诉思慕、进行社交的"幌子"。本是一个求蚕神庇佑的日子,顺便谈谈情说说爱也不是什么稀奇的事。

轧蚕花要从清明节当天开始连轧三日,叫作头忙日,二忙日,三忙日。人群如潮水一般,从山脚轧到山顶,先是去香火鼎盛的观音殿和蚕神庙参拜;然后去土地庙前面的水潭净手,称"洗蚕花手",意为今年养蚕更为顺利;之后,再将一身蚕气(也是喜气)带回家。

蚕市:劳动工具、奇珍异宝,应有尽有

有热闹的轧蚕花活动,便有热闹的市场和庙会。摆摊的来了,一应糕饼、水果、小食皆有。清明时节,正是明前茶上市时,于是,茶棚也搭起来了,茶香四溢,不妨来尝一口新茶。外地的戏班子也来凑个趣儿,开场戏多是"天官赐福",又或是"马上发财"。轧蚕花的人们自然没有空手而归的道理。大家一般会带一个蚕花会爆款产品回去——蚕猫。蚕猫是一种猫状泥偶,或者是猫形剪纸。蚕农们将蚕猫带回去,放到蚕房中,图一个趋避鼠害的心安。

明末清初的彭孙贻有诗曰:"原蚕争卜茧,屠豕竞迎猫";清初嘉兴谭吉璁《和鸳鸯湖棹歌》中也写道:"泥孩纵说鄜延好,不及曹王庙上看。"讲的就是浙江嘉兴市南湖区余新镇一带曹王村请蚕猫的习俗。时至今日,浙江一些地方的清明庙会上,还能买到彩绘泥塑的蚕猫,除此之外,还有泥孩、泥美人、泥老虎等,质朴可爱得很。

古时,在千里之外的蜀地,每逢三月间,也有一场盛大的蚕市。宋人《五国故事》中记载:"蜀中每春三月为蚕市,至时贸易毕集,阗阓填委,蜀人称其繁茂。"据相关记载,在过去,成都的青羊宫、大慈寺都会开启蚕市,一应与蚕事、春耕相关的劳作产品都有兜售。但若光是售卖劳动工具,怕也形成不了"盛大"的气候,也不会格外吸引人们的眼球。所以,一应好玩的、好吃的、好看的都在蚕市上出现。唐代时的成都,每年有上万人参加蚕市。到了宋代,成都的蚕市甚至从正月间就开始操办,一直延续到三月间,其持续时间之长,商品之丰富,好玩程度之高,都令人咋舌。

今天的锦里老街,早已是成都的地标,是每一个到成都的旅游者必去的打卡地。古色古香的街道、精美的古玩儿、满巷子的川味小吃,还有悠闲的盖碗茶,几乎成为锦里的代名词。其实,锦里本就不是一个刚兴起一两日的"小网红",而是一枚延续了千年荣光的大青衣。前蜀韦庄就曾在《怨王孙》中写道:"锦里蚕市,满街珠翠,千万红妆。"意思是说,锦里的蚕市,有满大街的珠翠,胭脂水粉满街漏香。宋人柳永也在《一寸金》里写到锦里蚕市的繁华:"井络天开,剑岭云横控西夏。地胜异、锦里风流,蚕市繁华,簇簇歌台舞榭。"也就是说,除了丰富的物资,还有浓情歌舞相和。在成都十二月市中,三月的蚕市与正月的灯市、二月的花市齐名,为锦里的代代繁荣添砖加瓦。

华灯初上,灯火摇曳,锦鲤戏弄波痕,夜里的锦里更添古朴典雅。游走其间,很容易联想到昔日富蜀蚕市的胜景。三大炮、张飞牛肉的叫卖声生生将心绪拉回,昔日诗词里描述的场景注定只能在脑海中勾勒出一幅令人向往的成都版清明上河图。

清明茶,贵如金

人人都知春茶可贵,更有"明前茶,贵如金"之说。明人田艺衡也有"烹煎黄金芽,不取谷雨后"之语。这明前茶,就是清明前采摘的新茶。采何种茶?以西湖龙井为代表。尚在早春二月下旬,茶园就开始逐步步入采摘期,到了清明时节,已有"明前茶"上市。烟雨江南,弥漫着浓浓的绿茶味。

"抢茶"是茶农们的事,而我们,如能在清明吃上这一口茶,就是有福了。在杭州的龙井村、杨梅岭、九溪等地,踏春品新茶,绝对是不可错过的春日体验。那嫩生生的新叶躺在白瓷碗底,用滚水过之,当茶叶溶出茶汤,呈明绿色时,尽可品饮。

会生活的人,清人袁枚绝对算一个。袁枚在外为官多年,虽见多识广,遍试好茶,心心念念的却还是家乡杭州的那一口龙井味。他在《随园食单》中曾写道:"杭州山茶处处皆清,不过以龙井为最耳,每还乡上冢,见管坟人家送一杯茶,水清茶绿,富贵人所不能吃者也。"

这龙井,本为地名,为西湖与群山交汇处。三国时期,帝王就曾在此祈雨,故名龙井。元诗四大家虞伯生曾作《游龙井》:"徘徊龙井上,云气起晴画。烹煎黄金芽,不取谷雨后。同来二三子,三咽不忍漱。"好山好水好风光,好时好雨出好茶。

这一口明前茶香味,引得移守密州(今山东诸城)的苏东坡怀念不已。公元1076年的暮春,他登上超然台,眺望着满目的烟雨春色,不禁触动相思:"春未老,风细柳斜斜。试上超然台上望,半壕春水 ·城花。烟雨暗千家。寒食后,酒醒却咨嗟。休对故人思故国,且将新火试新茶。诗酒趁年华。"(《望江南·超然台作》)寒食节后,酒劲刚过,思念江南的心思却愈发重了。不好意思再在老朋友面前表露心迹,倒不如用新火烹煮一盏新茶吧。

龙井虽好,有时却让人望而却步。今天的龙井被炒得价格甚高,想要尝到一口真正的好茶,也不是什么容易事。"日高人渴漫思茶。敲门试问野人家"。真不如曾几何时,问山里人家讨来的一口茶汤,那般入情入理,沁人心脾。

改火，清明日出万家烟

旧时，清明前的寒食节，只能吃冷食。人们硬着头皮熬过了寒食，终于到了清明，便迎来了改火的好日子，终于可以喝上一壶热茶，吃上一口热饭了。

清明改火，唐代尤盛

古代钻木取火，四季换用不同木材，称为"改火"，又称改木，亦用以比喻时节改易。改火之俗在我国远古时期便有之。聪明的中国先民发明了"钻木取火"，虽然火种不易得，需好好保管，但他们也相信，火种也需定期换取。越是新取的火越有旺盛的生命力，而整日吃旧火烧的饭也不利于健康。因此，每到一定时候，人们便将旧火熄灭，改取新火。这一灭一改，便成为古人生活中的重要事情。周朝甚至规定一年四季要应季节的更替，选取不同的木头改火。"春取榆柳之火，夏取枣杏之火，季夏取桑柘之火，秋取柞楢之火，冬取槐檀之火。一年之中，钻火各异木,故曰改火也。"(《周书·月令》)可谓十分讲究。

古人对改火之俗还有另外一种解读:初春时节,天干物燥,存留的火种极易引发火灾。当天上出现龙星(上古时代,人们根据日月星辰的运行轨迹和位置,把黄道附近的星象划分为二十八组,俗称"二十八星宿"。"二十八星宿"又分为东方苍龙、南方朱雀、西方白虎,北方玄武。东方苍龙由7个星宿组成一个完整的龙形星象,即:角、亢、氐、房、心、尾、箕,均被称为龙星。)的春天,便要熄灭火种,以祈求雨神降临,普降甘霖。后来民间流传的介子推的故事更是将禁火之俗推向高潮。

魏晋以后,改火活动曾一度消失,直到唐代,改火习俗又

得以复兴。人们在寒食节之际，将火熄灭，直到清明节到来时，再取新火。自唐代起，上墓风行，渐又兴起给先人烧纸钱的风俗。唐诗有云："寒食家家送纸钱。"既然要烧纸钱，就要用到火。于是，唐人便将上墓的活动从寒食节挪到了取新火的清明节进行。清明节自唐代以后，地位愈发提高，并逐步替代了寒食节的功能。

唐代取新火到底有多么隆重呢？从唐代诗人流传下来的诗篇中，我们或许能一窥昔日的换火胜景。王表说："寒食花开千树雪，清明日出万家烟"；祖咏提到"雾日园林好，清明烟火新"；杜甫也欣喜地描绘："朝来新火起新烟，湖色春光净客船"……

皇帝分赐新火

"春城无处不飞花，寒食东风御柳斜。日暮汉宫传蜡烛，轻烟散入五侯家。"唐代诗人韩翃的一首《寒食》，描绘的是一幅走马传烛图。中唐以来，皇帝宠幸宦官，虽有寒食禁令，权贵们却可以破例点蜡烛。这里说的"传蜡烛"，其实就是皇帝把火种赐给亲近的权贵。在这首诗中，皇帝御赐到底是破例为之还是清明新赐已难探究，但在唐代，的确有皇帝在清明节分赐新火之俗。

想要得到皇帝亲赏的新火？那可得努力努力再努力！一般来说，除了韩翃诗中讲到的当权宦官外，还有皇帝的近臣，朝

堂上的官员,最不济,至少也得是个京官。这薪火相传,意思就是,和皇帝要挨得近,心更要近。于是,再回过头去读一读《寒食》,不免也觉得诗中藏有一两分酸意,韩翃年轻时长期不得志,不免对御赐新火投去几分艳羡。

赐新火是非常有仪式感的。在唐代,随着钻火技术的升级换代,钻木取火早已不是唯一方式,人们在日常生活中,多用到的是击石法,即火石相击取火。但在改火这一日,还是要回归到钻木取火的方式。选用的木料,也是沿袭周代的旧俗,多采用榆木或者柳木。

唐代宫廷钻木求火是很好玩的。《辇下岁时记》记载:"至清明,尚食(内膳习)内园官小儿(供奉禁苑者)于殿前钻火,先得火者进上,赐绢三匹、金碗一口。"赏赐的物品还不错,除了绢三匹外,还有一只"金饭碗"。当然,这只是一个小小的游戏,其实在清明的一大早,便已有人将钻取的新火奉上,之后再由皇帝下令,将新火分赐下去。内宫太监们以蜡烛作传火工具,将皇帝的心意从宫廷分发至宫外。谢观的《清明日恩赐百官新火赋》专写这一盛况:"振香炉以朱喷,和晓日而焰翻。出禁署而萤分九陌,入人寰而星落千门。"收到新火的朝臣自是感激涕零,"熠熠当门,烟助松篁之茂;荧荧满目,焰如桃李之春。群臣乃屈膝辟易,鞠躬踧踖。捧煦育之温惠,受覆载之光泽。"一颗小小的清明之火,就这样恰到好处地赢得臣子们忠君护国之心。所以啊,这赐新火,实际上玩的是一种心理游戏。

到了宋代,清明亲赐新火的活动依旧进行。宋敏求《春明退朝录》中记载:"唐时惟清明取榆柳火,以赐近臣、戚里,本朝因之。"就连宋代著名文学家欧阳修得到皇帝亲赐的新火也是难掩兴奋:"桐华应候催佳节,榆火推恩忝侍臣。多病正愁饧粥冷,清香但爱蜡烟新。"(《清明赐新火》)元明以后,寒食的习俗渐渐废弃,改火的习俗也渐渐消失,以至于很多人再读到"临皋亭中一危坐,三见清明改新火"(苏轼《徐使君分新火》)时,竟不知所云。

清明时节,榆钱儿清鲜,北方人喜用以煮粥。想起昔日古人于"清明一日,取榆柳作薪煮食,名曰换薪火,以取一年之利"(宋·张君房《云笈七签》),不禁会心一笑。寒食与清明,禁火以为悼亡，取火以求新生。一灭，是为了来日的光明，一取，是为了求取新生。表面看似主题相悖的两个节日，便如此统一和联系起来。正所谓告别过去，是为了更好的明天。

踏青游乐,玩法很多

清明怎么玩?唐代诗人韦庄给了一个范本,他在《长安清明》中写道:"蚤是伤春梦雨天,可堪芳草更芊芊。内官初赐清明火,上相闲分白打钱。紫陌乱嘶红叱拨,绿杨高映画秋千。游人记得承平事,暗喜风光似昔年。"在这一款清明游乐说明书里,韦庄讲到了清明放假的官员们兴致勃勃地玩起了蹴鞠游戏。而在满目春色的郊外,红色的骏马狂奔嘶叫;高高的绿杨底下,姑娘们正愉快地荡着秋千。人人欢乐自得。

由此,出现了《论语》中的一个故事:春日好日光,孔子带着一众学生出门踏青洄水河边,桃红柳绿,草色青青,学生们簇拥在孔子身边,听他弹琴。"子贡问曰:'君子见大水必观焉,何也?'孔子曰:'夫水者,启子比德焉。遍予而无私,似德;所及者生,似仁;其流卑下,句据皆循其理,似义;浅者流行,深者不测,似智;其赴百仞之谷不疑,似勇;绵弱而微达,似察;受恶不让,似包;蒙不清以入,鲜洁以出,似善化;至量必平,似正;盈不求概,似度;其万折必东,似意。是以君子

见大水必观焉尔也。"

宋代《武林旧事》中说:"清明前后十日,城中仕女艳妆饰,金翠琛缡,接踵联肩,翩翩游赏,画船箫鼓,终日不绝。"人们换上最好看的衣裳,纷纷出城赏春,这就是"踏青"。孟元老还在《东京梦华录》里说,清明上坟,不仅要踏青,还要顺便唱歌跳舞、聚聚餐。"四野如市,往往就芳树之下或园圃之间,罗列杯盘,互相劝酬。都城之歌儿舞女,遍满园亭,抵暮而归。"

踏青、赏春、游玩,尽情欢乐,这本来就是清明文化的内涵。在清明这一天,祭祀先祖,是为了慎终追远;踏青游戏,是为了感悟生命、薪火相传。逝去与新生,看似对立,实则却紧密相连。追思,不就是为了继承前人遗志,更好地生活吗?

喝酒、作诗,谈恋爱,想怎么闹就怎么闹

  清明上墓后,喝了点小酒的年轻人,竟然擦出了点爱情的火花。

  最著名的,就是唐代诗人崔护的故事。这一日,崔护在清明出游后,饮了点小酒,误打误撞进入到一个桃花盛开的村子。薄酒微醉,他敲开了一户人家门,开门的是一个姑娘。姑娘站在桃树下,显得格外美。当时的崔护,其实内心是有些落寞的,因为刚刚考进士落榜。这个姑娘递给他一杯水,见他有些失意,还说了两句安慰的话。崔护颇为动容。第二年春天,崔护又去了这里,遗憾的是,姑娘已经不在了。崔护的名篇也因此流传了下来:"去年今日此门中,人面桃花相映红。人面不知何处去,

桃花依旧笑春风。"(《题都城南庄》)

崔护的故事虽然结局不够完美,但爱情的因子却留在了清明节里。

"三月三日是清明,清明时节雨纷纷。有缘千里来相会,须往西湖高处寻。"你可知,白娘子和许仙的初识也是在清明这日。他们在断桥上倾心一瞥,之后,共乘游船于西湖之上。

春雨倾洒,下船的时候,许仙递给白娘子一把伞。他们的缘分就此展开……

今天的三月三,多是连着清明假期,广西的壮族姑娘和小伙子依然会赴一场盛大的春日之约。他们叫作"赶歌圩"。每年此时,漓江之上薄雾朦胧,竹筏上的青年男女们瞪大眼睛互相眺望。妹妹们还没开口唱,哥哥们已经望穿了眼。隔着一江春水,他们不仅要对歌,之后,姑娘们还要给心爱的男子抛绣球,空气里弥漫着爱情的味道。三月三,不仅是壮族的情人节,也是贵州侗族、海南黎族、湘西苗族人的情人节。踏歌起舞,表达爱意,就像2500年前的溱、洧河边,任爱情的嫩芽在心里疯长。

万物生发,春情萌动,情感恰巧也来了一次大爆发。在这样的清明节里,人性得到充分的展现。

"清明上巳西湖好,满目繁华。争道谁家。绿柳朱轮走钿车。游人日暮相将去,醒醉喧哗。路转堤斜。直到城头总是花。"说到清明,自然会想到欧阳修的这首《采桑子·清明上巳西湖好》。清明时节,离不开花,也少不得酒。

诗人爱酒，便借酒将豪情付诸山水之间。清明期间，一种自文人而始的高雅玩法传开了，这就是"曲水流觞"。永和九年（353年）的上巳节，大书法家王羲之携一众亲朋，共42人，于兰亭溪边席地而坐。风和日丽，万里无云，春风拂面，众人诗心荡漾。兰亭清溪蜿蜒曲折，一人将盛酒之觞放于上游的溪水中，任其随流水逐波而下，当觞在谁面前停顿或者打转，谁便赋诗饮酒。作不出诗者，还得罚酒三觚。王羲之乘兴而书，写下了举世闻名的《兰亭集序》。

"曲水流觞"的发明者，其实也不是王羲之。上古时期，就已经有上巳节临水浮卵、水上浮枣的活动了。其中，临水浮卵最为古老，就是将煮熟的鸡蛋放在河水中，任其浮移，谁拾到谁食之，是一种原始且文明的孕育巫术。西晋张协写道："浮素卵以蔽水，洒玄醪于中河"。男人们在溪水上游投鸡蛋，妇女们在下游收抢食之。这种老百姓间流传的求子游戏，颇受欢迎。

再去读那千古流传的《兰亭集序》，字里行间虽有山水之美、欢乐之情，末了，却尽是对生死无常的感慨："每览昔人兴感之由，若合一契，未尝不临文嗟悼，不能喻之于怀。固知一死生为虚诞，齐彭殇为妄作。后之视今，亦犹今之视昔，悲夫！"但王羲之呼之欲出的心声，还是"热爱生命"这几个字。

清明，从某种意义上说，是个孕育新生命、新理想的日子，因此，清明也带上了些许"狂欢"气质，喝酒作诗谈恋爱，想怎么过就怎么过吧！

插柳、簪柳、射柳：把情感留住，把春天留住

"脱却单衣著夹衣，禁烟无有不寒时。一年好处君知么，寒食千门插柳枝。"这是宋代杨万里的《清明雨寒八首》之一。过去，折柳、插柳、簪柳都是清明节最重要的习俗。清明时节，人们换上春装，出门祭扫。正好一年桃红柳绿时，如此大好春光怎可辜负？祭祀完毕后，相携踏青郊游便是最好。"杨柳散和风，青山澹吾虑。"（唐·韦应物《东郊》）春风拂面，心情是舒畅的，脚步是轻快的。草木知情，垂柳覆金堤，摘下一段柳条，或插头上，或拿手里，也算是应景。

或许，现代人已经不太明白古人折柳之俗，更不清楚清明折柳簪柳的由来。只是单纯地觉得在春日里，顺手折一段柳枝带回家，以素雅瓷瓶清水插之，很是契合这春天的味道。所谓"附庸风雅"，这风雅若是不去附庸，又何来"风雅"一说呢？这么想来，也是极具仪式感的一件事了。

在接近 1000 年前的北宋东京城郊外，有一群人用杨柳枝装点着轿子，他们似乎刚刚扫墓归来，这便是著名的《清明上河图》中的一个小片段。再回头去读杨万里的

诗，便不难看出，北宋年间，插柳之俗的确盛行。今天，每到清明时节，在北京的柳荫公园总会举行柳文化活动。游客们纷纷袭古，着汉服，参加插柳、簪柳、咏柳、写柳的活动。

只是，这样的活动是自宋代而始的吗？这便要从插柳风俗的起因说起。

冬至逢壬日起便要开始数九。数九，是中国人一种计算寒天与春暖花开日期的方法："一九二九不出手，三九四九冰上走。五九六九沿河看柳，七九河开，八九雁来，九九加一九，耕牛遍地走。"到了五九六九，便可沿河观柳了。算算时间，"五九六九"正是春天生发之时，柳枝最先吐出新芽，寓意着一个蓬勃而充满生机的季节的回归。因此，中国的先民们便在此时感念中华民族的始祖——炎帝神农，故而兴起了簪柳、插柳的仪式。人们将柳枝插在屋檐下，渐渐地，还发现了柳枝与天气预报之间的一些端倪，遂又流传出"柳条青，雨蒙蒙；柳条干，晴了天"之类的谚语。

春秋时期，介子推割股救主，却不幸葬身于深山火海。第二年的清明，当晋文公回到介子推被烧死的绵山上时，发现当年被烧毁的那棵老柳树竟然抽出了新枝。晋文公感念不已，当即赐名为"清明柳"，并折下一枝戴在头上。后人相继效仿，年年清明折柳，追忆这位忠君孝子。

中国人生性浪漫，又将这浪漫的情愫隐于心底。《诗经·小雅·采薇》里写道："昔我往矣，杨柳依依。"多么隐晦，多么

唯美。我对你的难分难舍之情,就让杨柳枝条来替为表达吧!为什么偏偏是柳条?因为"柳"同"留"谐音,折一段柳枝相赠,你能留下来可好?汉代,人们送客至灞桥,折柳赠别成为定俗。古代地理专著《三辅黄图》中就有记载:"灞桥在长安东,跨水作桥,汉人送客至此桥,折柳赠别。"这样的习俗后世一直延续,唐代诗人刘禹锡在《杨柳枝词》中写道:"长安陌上无穷树,唯有垂杨管别离。"除了代指对亲情、友情的不舍,折柳更有文人的一种惜春情怀。折柳,便又多了一重希望留住春天,春情常驻之意。

南北朝时期,又兴起了在元旦日插柳枝避鬼之说。这种习俗后转至寒食节或清明节进行。在中国人的心中,柳枝具有灵性,也是深受佛经中将柳枝称为"鬼怖木"的影响。汉传佛教最受世人喜爱的观音菩萨,总是左手执净瓶,右手拿柳枝。这净瓶中盛的水称为甘露,观音菩萨用柳枝蘸取一点挥洒人间,便可解人间疾苦,袪病消灾。柳枝柔软,象征着菩萨一颗大慈

大悲心。于是，人们便更加爱上了柳枝，常用以辟邪消灾。清明节，也是古代中国三大鬼节之一（清明节、中元节、寒衣节），所以人们更要插柳枝辟邪。这在北魏时期的《齐民要术》中就已经有了记述："取杨柳枝著户上，百鬼不入家。"到了唐中宗年间的上巳节，还有"赐侍臣细柳圈，带之以避虿毒瘟疫"的事例。

宋代，清明插柳折柳之俗转盛。坊间传闻说，这跟宋代大词人柳永有关。浪子柳永，常常出没花街柳巷，引得多少歌妓的倾慕。柳永死后，这些歌妓好生安葬了他。每逢清明，便到坟前插柳枝纪念，渐渐沿袭成俗。

这个说法有趣是有趣，但若强说是清明插柳的由来，倒有失偏颇了。前面说过，唐朝皇帝有在清明赐新火之俗，到了宋代依然延续。所以，唐人和宋人将传火的柳条插于门前以示收获新火，感念皇恩浩荡也是情理之中。至于老百姓，本来也要借助柳枝取新火，所以门前插柳也最是说得过去。宋人《岁时杂记》中说："今之人，寒食节家家折柳插门上。"反映南宋时期民间风俗的《武林旧事》中也说："清明前三日，为寒食节，都城人家皆插柳满檐。"到了明清时期，插柳已经成为清明的主要风俗之一。不仅如此，簪柳更是流行。有戴柳尖的，也戴嫩柳芽的，亦有用柳条柳叶编成花环状的。妇人簪柳，有取"芳华留驻"之意，如明嘉靖年间湖南的《茶陵州志》说："人皆插柳枝，谓之记年华。"也有人说，柳枝有强大的生命力，否则怎会有"无心插柳柳成荫"一说？簪柳，也是为了取这等好意。至于民间流传的"清明不戴柳，死后变黄狗"之类的恶语固然不可取，但也从侧面强调了昔日清明的簪柳之风。

时至今日，在乡下仍然可见到人们清明折柳簪柳之遗风。在四川盐源的泸沽湖，居住着一群延续走婚习俗的摩梭人。情投意合的好阿夏和情人阿注通过走婚生下小孩，小孩子归母家养育。摩梭人中女性地位极高。清明节，也是摩梭人的"布谷拉克"，意思是布谷鸟叫的日子。虽然和清明节同属一天，但这个节日意在祈求风调雨顺、五谷丰登。摩梭人会在这一日折下柳枝插在祖母屋、花楼和草楼的房间里。

如果说簪柳更受古代女性的喜爱，那么射柳游戏则应算作男人们的专属游戏项目。射柳游戏源于春秋时期，《史记·周本纪》曰："楚有养由基者，善射者也。去柳叶百步而射之，百发而百中之。左右观者数千人，皆曰善射。"可见，2000多年前，百步穿杨已经不是神话。到了宋代，关于射柳的记录有这么一

句:"壬辰三月三日,在金陵预阅李显忠马司兵,最后折柳插球场,军士驰马射之。"(宋·程大昌《演繁露》)三月三是上巳节,在上巳、清明、寒食融合一体的宋代,射柳是一项极受欢迎的、又高雅又考验骑射真功夫的游戏。在如今的一些历史剧中,可以找到这样的画面:人们在细长的柳枝上,拴上一缕红绸,男子骑马挽弓,射断柳枝,又快马加鞭奔去,接住掉落的柳枝,一气呵成!到了明代,射柳游戏玩得更加高级,人们将鸽子放进葫芦里,将葫芦高挂在柳树上。射柳的人一旦射中葫芦,鸽子便会飞出,最后竟以鸽子飞出的高度来一较高下。随着柳枝的射落,春天便留住了,情感也留住了,而美好的希冀却随着那些鸽子一飞冲天。

无论是纪念神农也好,介子推也罢,能留得住春天自是不错,能留得住青春更好,而情感,则是要长留心中。清明折柳、簪柳、射柳,都带着中国人生生不息的美好情愫。"春气满林香,春游不可忘。落花吹欲尽,垂柳折还长。"在唐人王翰的《子夜春歌》里,柳枝折下来一截依然显得那么长。那么落花将尽,春欲迟,清明的意思,就是提醒人们,是时候到户外舒展一下,放松一下了。

清明拔河代言人,选鲁班还是唐玄宗?

清明前后,草长莺飞,春光正甚,恰是无心读书时。小朋友们最是期盼学校组织一场春游和一年一度的春季运动会。运动会,总以一场热闹非凡的拔河比赛拉开序幕。这是一项几乎每个人都能参与进来的体育活动,老师按照人数多少、个子高矮、胖瘦程度,将大家平均分配成两组人马。此时,操场上已经摆上了一根粗粗长长的麻绳,麻绳的正中间,还拴着一个大大的红结。两组人马抽过签后,按照抽到的方向分列红结的两边,蹲着马步,手握麻绳,摩拳擦掌,个个眼中带着"杀气"。随着裁判一声号令,加油声此起彼伏,大家铆足了劲,拼命将绳子往自己这边拉。红结在两队人的拉扯中,一会儿靠左,一会儿靠右,却迟迟不肯越过任意一方的界限……

　　拔河，需要的不仅仅是体力，还有劲往一起使、心往一处走的巧劲。这项古老的民间活动在我国已有两千多年的历史，在过去，它有另外一个名字，叫作"牵钩"。

　　牵钩，最早是作为一项军事战术出现的。春秋时期，楚国、越国两国水军经常在长江之上进行"船战。"看地图就知道，楚国处于上游，越国处于下游，而长江又是自西向东流，每次征战时，楚国军队总是"进攻时遇顺流，退兵时遭逆流"。每当楚国军队想要进攻时，越国军队可以顺着长江流势迅速逃跑；而每当楚国军队想要溜走时，又很容易被越国军队追上。屡屡遭遇滑铁卢的楚国人真想高呼一声："我太难了！"

　　幸好，一个聪明的鲁国人帮楚国想出一招，发明了一种新式复合型武器——强钩，解了楚国的困局。这个人就是传说中的工匠大神——鲁班。鲁班认为：想要趁越国军队逃跑前就困住他们，必须用"钩"；而楚国军队想要摆脱越国军队的追赶，成功逃脱，就必须抵住敌船，因此，他又设计出了一种形如剑锋的"强"。一钩一强，一追一逃，支撑楚国军队逆袭的"强钩"横空出世。它用一根竹竿连接，一头是钩，一头是强，无论是钩住对方还是抵住对方，都要花很大的力气，而对方也会奋力挣脱。如此一来，角力拉锯战便展开了。此后，双方军队便常常训练"牵钩"，楚国军队在训练时，使用薄竹片制作的"篾缆"替代长钩，将士兵分为两队，各执篾缆的一端对拉。看起来，和今天的拔河异曲同工。这就是拔河的缘来。

直到南北朝，牵钩活动一直在军中盛行，后来，又逐步流传到民间，成为一项百姓喜爱的民间运动游戏。《荆楚岁时记》中就曾记载，牵钩运动始于春秋的楚越水战，自南北朝始，人们已经开始用绳子来作为牵钩工具了。

隋朝，"牵钩之戏"的场面更加宏大，而且还被寓意了祈求丰收的含义。《隋书》中说："钩初发动，皆有鼓节，群噪歌谣，振震惊远近。俗云以此厌，用致丰攘。"

到了唐朝，"牵钩之戏"第一次被称为了"拔河"。历代唐朝皇帝中，不乏拔河运动的"忠实粉丝"。首先是唐中宗李显。《新唐书·中宗纪》中就记录了唐景龙四年（710年）的清明节，唐中宗"令中书省门下供奉官五品以上，文武官三品以上，并诸学士等，自芳林门入，集于梨园球场，分朋拔河，帝与皇后、公主亲往观之。"在这里，"拔河"一称不仅正式提出，而且还

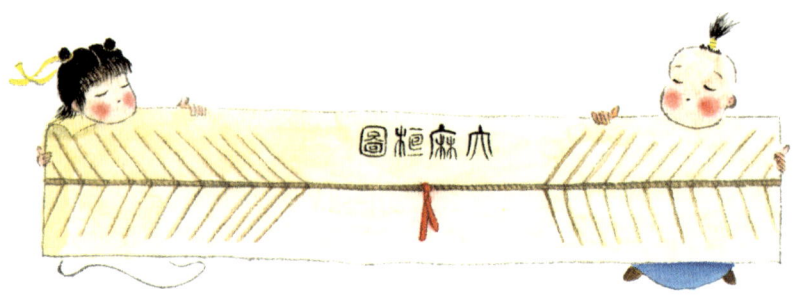

被提到了在清明节期间举行。再看参加的人,堪称倾动朝野,重视程度可见一斑。

按理说,拔河明明就是一项十分草根的游戏,却偏偏得到了唐代皇族的大力追捧,成为宫廷里流行的春日运动。中宗李显只是开了个先河,他的侄子——唐玄宗李隆基却是将拔河玩出了高级感。

唐玄宗对拔河的热爱可用他御笔写的《观拔河俗戏》来概括:"壮徒恒贾勇,拔拒抵长河。欲练英雄志,须明胜负多。噪齐山岌嶪,气作水腾波。预期年岁稔,先此乐时和。"为了观看拔河,他还曾在清明节组织过上千人的拔河比赛。宋人王谠《唐语林》中记述到:"挽者至千余人,喧呼动地,蕃客庶士,观者莫不震骇。"也就是说,千余人拔河,惊天动地,就连外国来宾都被这阵仗惊到了!泱泱大国,盛唐气象。吐蕃的使节,大食(632~1258年阿拉伯人建立的帝国)、波斯(伊朗古名)、印度的商贾们都被这样的阵势惊得瞠目结舌,连连下跪叩头。于唐玄宗而言,在清明期间如此颇费周章地举行拔河比赛,既整肃了军纪，也是为了在春耕春种的时节祈求丰收（他曾在《观拔河俗戏》诗序中说："俗传此戏，必致丰年"），更是在万国来朝的时候，满足一把虚荣心。不管出于何种目的，拔河在清明节的流行和传播，唐玄宗功不可没。

因为唐玄宗的身体力行和大力推广，清明拔河在唐朝的宫廷里着实大火了一把。因为受到皇族贵戚和王公大臣的青睐，拔河运动很快就在民间风靡开去。据唐人封演所著的《封氏闻见记》中载："古用篾缆，今民则用以大麻絙，长四五十丈，两头分系小索数百条，挂于胸前。分两朋，两向起挽。当大絙之中，立大旗为界，震鼓叫噪，使相牵引。以却者为胜，就者为输，名曰'拔河'。"封演所记录的，正是唐天宝年间的拔河比赛。

可以看出，当时的拔河和今天的拔河并无很大差别，只是当时用的绳子不止一根，而是"两头分系小索数百条"，如此一来，参与的人就更多，场面更是可以想象的激烈和热闹了。

后世的清明拔河一俗，虽不及唐代热烈，在历代记述中也不鲜见。如宋代梅尧臣就曾写下《和江邻几学士画鬼拔河篇》："拔山夜叉右握斧，各司胜负如争先。两旁挝鼓鼓四面，声势助勇努眼圆。"从他描述的画鬼拔河，犹可见在宋代，拔河一俗甚至流行到了鬼神之间。

现如今，拔河运动依旧深受人们喜爱。告别了漫长的寒冬，正是应该舒展筋骨的好时节。拔河既能强身健体，又能融和人情，还能加强团结互助、齐心协力的观念，何乐而不为呢？

蹴鞠：宋太祖也是明星球员

唐宋时期的清明，有一项春季的娱乐活动非常流行，这就是蹴鞠。诗人王维在《寒食城东即事》中如此写道："蹴鞠屡过飞鸟上，秋千竞出垂杨里。"王维说的是一个叫张芬的人，踢个球竟然能有半个佛塔那么高，把小鸟都吓了一大跳。蹴鞠，竟能高过飞鸟？到底什么是蹴鞠？

"鞠"，就是一种皮球；"蹴鞠"，就是用脚去踢球。蹴鞠，难道就是现代足球运动的起源吗？国际社会倒是有这样的说法。1958年，时任国际足联主席阿维兰热博士曾表示足球起源于中

国。但由于封建社会的局限,中国古代的蹴鞠活动最终没有发展成为以公平竞争为原则的现代足球运动。1850年,随着现代足球运动在世界范围的逐渐兴起,传统的蹴鞠运动随之消失。

中国古代的蹴鞠,有人说是黄帝发明的。汉刘向在《别录》中说:"蹴鞠者,传言黄帝所作,或曰起战国之时。"刘向也在《战国策》里写道,齐国都城临淄流行蹴鞠游戏,而司马迁则在《史记》中记录,蹴鞠是当时训练士兵的一种方式。战国时期黄老学派的著作《经法》中描写蹴鞠时还说道:"充其胃以鞠,使人执(踢)之,多中者赏。"这至少说明,当时的"鞠"不是中空的,内里应该有填充物;"鞠"是用脚踢的,踢中越多的人能赢得奖赏。所以,在2000多前,蹴鞠就已经是一项比较成熟的带有竞技类性质的运动游戏了。《汉书·艺文志》中收录有二十五篇蹴鞠经,记载了当年帝王贵族们蹴鞠的情形。

如果说战国时期的鞠还不怎么好踢,因为"以毛为之,中实以毛",那么到了唐代,人们已经知道用动物的膀胱给球做内胆,加以充气,如此一来,大大增加了鞠的弹性,玩起来当然更嗨了!

唐以后,流行的球类运动主要是蹴鞠和击鞠。在很多影视剧里,都能看到这两种运动游戏。击鞠,就是打马球,它也是古时端午、清明节盛行的风俗活动。唐宋诗人的笔端可找出大量清明玩蹴鞠的佐证。唐代大诗人杜甫在《清明》一诗中写到,"十年蹴鞠将雏远,万里秋千习俗同",蹴鞠与秋千作为清明节的游戏同时出现;晚唐诗人韦庄在《长安清明》中说:"内宫初赐清明火,上相闲分白打钱",意思是,宫中把新火赐给大臣,大臣们闲来无事以蹴鞠为乐。(白打钱:玩蹴鞠游戏,优胜者受赐金钱。不用球门的散踢俗称"白打")诗人韦应物也在《寒食后北楼作》里说:"遥闻击鼓声,蹴鞠军中乐。"这说明,军队中也流行这种踢球游戏。玩法有一人独玩,也有多人共玩型。通俗点说,一人场就是个人花式炫技,可以理解为颠球、控球等;多人场就可以玩互相传球、轮流控球了。

到了宋代,进入"全民玩球"时代,根据相关记载,当时出现了"球终日不坠","球不离足,足不离球,华庭观赏,万人瞻仰"的场景,可以说,蹴鞠在宋代俨然成了"国球"。

和拔河一样,蹴鞠也有一位鼎鼎有名的代言人——宋太祖赵匡胤。有画为证,南宋大画家苏汉臣的一幅《宋太祖蹴鞠图》恰好记录下了这一幕。画幅上半部左侧有一则楷书题跋:"青巾黄袍者,宋太祖也;青巾衣紫者,是太宗也;居太宗下者,石守信也;对蹴鞠者,赵普也;巾垂于前者,党晋(进)也;年少衣青者,楚昭辅也。桂仙渊定。"可见,和宋太祖玩蹴鞠的都非池中之物,除了太祖外,还有太宗赵光义,其余一干人等,皆是宋朝开国功勋。可谓历史上最高级别的"蹴鞠较量"。

自此,蹴鞠不再只是个人炫技和轮流控球的小把戏了,而成为真正有比赛规则的运动。宋人马端临《文献通考》中记载:"蹴球,盖始于唐。植两修竹,高数丈,络网于上,为门以度球。球工分左右朋,以角胜负。"你看,有球门了,还有球网了,也有胜负标准。更有人因为善蹴鞠,一脚踢开了"朝廷大门",从破落户一朝得封太尉,这就是《水浒传》中的高俅。在当时,蹴鞠活动开展得最广泛的依然是在清明节期间。陆游的《春晚感事》就写道:"寒食梁州十万家,蹴鞠秋千

尚豪华。"宋代的女子们也很喜欢踢球,出现了专门的女子蹴鞠队。元代称蹴鞠女子为女校尉,"校尉"是对圆社(圆社,出自《水浒传》,指宋代蹴鞠团体,又名"齐云社",齐云者,形容球踢得高入云霄。圆社是全国性的踢球艺人的团体组织。圆社有社规,规定参赛人数、比赛规则等,参加圆社的人要遵守社规。社员按技术高低分等级,最高级称校尉。)中高级艺人的称呼。宋元时男女一同蹴鞠很正常。这样的活动到了元明时期依然非常流行,直到清代,才逐渐衰落。

至于人们为什么喜欢在清明节玩蹴鞠,想必也跟告别冬天,在春日里舒展筋骨有关。再加上唐以后,"寒食同清明",吃冷食的旧俗依然存在,生冷的食物吃进去后,人们更需要活动起来,驱散春寒。如此一来,蹴鞠便和拔河一样,深受皇族贵戚和寻常百姓的喜欢了。

放风筝：放飞抑郁，迎来希望

"草长莺飞二月天，拂堤杨柳醉春烟。儿童散学归来早，忙趁东风放纸鸢。"这是清代诗人高鼎的一首描写放风筝场景的古诗《村居》。

自春分起，风和日丽，草木萌发，到了清明时节，已是万物清隽，阳气催发，正是放风筝的好时节。每逢此时，天空中就像一个巨大的秀场，吸引着各色风筝争奇斗艳，一较高下。清明里，微风和煦，出门走走，抬头仰望，有孩子们最钟爱的小猪佩奇、凯蒂猫，也有老人们偏爱的鹰击长空、鱼翔浅底。它们随着人们手中的风筝线轮番登场，总能找到一片自己的天空。

风筝源自我国，有着悠久的历史，最早称为"木鸢"。相传春秋时期，墨翟以木头制成木鸟，《韩非子》记载："墨子为木鸢，三年而成，蜚（通"飞"）一日而败。"墨子花了三年时间制成一只会飞的木鸟，没想到，一天就坏了。后来，工匠祖师爷鲁班用竹子改造了它，成功令其在空中飞翔三日之久。《墨子·鲁问》中提到："公输子（鲁班）削竹木为鸢，成而飞之，三日不下。"鲁班发明木鸢的初衷，虽然承载了不少古人想要冲上云霄的梦想，但也仅仅是想用其传递信息，和他的另一项发明——牵钩一样，最早是被用于军事侦察、军事通信的。

随着造纸术的发明，到了汉代，已经出现纸糊的"鸢"，在南方，则出现了"鹞"。鸢和鹞都是善飞的猛禽，可以想象，最

初的风筝设计,都是模仿鸟类的。

不管什么东西,到了唐代就被"玩坏"了。纸鸢在唐代成为人们最喜爱的玩具,放纸鸢也成为一项老少咸宜的活动。唐代诗人元稹写道:"有鸟有鸟群纸鸢,因风假势童子牵。"唐朝的小孩人手一只风筝应该不过分吧?到了晚唐,人们给纸鸢上加了一个竹笛,当它飞上天后,经风一吹,便发出好听的"呜呜呜"的叫声,犹如筝鸣,因此,纸鸢便有了如今的名字——风筝。(也有人说,风筝一名起源于五代,李邺用纸糊风筝,并在它上面装竹笛。)

唐代人放风筝不分白天黑夜。每逢清明时节,还刻意要在夜里放。人们在风筝下或拉线上挂上一串串彩色的小灯笼,称之为"神灯"。

宋代,放风筝已经成为清明节一大习俗。南宋周密在《武林旧事》中写道:"清明时节,人们到郊外放风鸢,日暮方归。"可见,当时的杭州已经非常流行放风筝,一放就是一天。据说,一些风筝比赛也在人们春游的时候进行,通常在西湖断桥一带,周密还在《西湖游赏》中描述清明时节放风筝的场景:"竞纵纸鸢,以相勾引,相牵剪截,以线绝者为负"。

明清时期,清明放风筝更加盛行,成为一种节令性的民俗活动。北京、天津、山东潍坊、江苏南通成为中国四大风筝产地,不仅如此,风筝开始流传到海外,周边的朝鲜、日本以及东南亚地区,甚至更远的欧洲和美洲,都陆续玩上了来自中国的风筝。

为何要在清明节放风筝?因为经过漫长的冬日,容易积聚下不少"郁郁之气"。清明时节,万物生发,正好适合出门散发纾解一下。放风筝,小跑两步,小跳两下,前挪挪,后移移,运动量不大,轻松惬意,的确是一项绿色健康,有益身心的文明活动。宋代李石在《续博物志》一书中已经阐明了春日放风筝的好处:"春回放鸢,引线而上,令小儿张口仰视,可以泄内热。"消解内热,吐故纳新,再加上清明的风尤其适合放风筝,"春之风自下而上,纸鸢因之而起,故有'清明放断鹞'之谚。"(《清嘉录》)也便得到了广泛的响应。

除了这个自然因素,人们更看重放风筝的祈福与"放郁"之意。作为"中国风筝之乡",清明时节的潍坊在清代时就已经是风筝的世界。郑板桥在《怀潍县》中就曾写下:"纸花如雪满天飞,娇女秋千打四围。五色罗裙风摆动,好将蝴蝶斗春归。"道光年间,潍县金石学家、诗人郭麟也在《潍县竹枝词》中写道:"一百四日小寒食,冶游争上白浪河,纸鸢儿子秋千女,乱比新

来春燕多。"时至今日,清明节前后召开的潍坊国际风筝节已经连续举办逾30届,成为全世界最盛大的风筝盛事。

潍坊至今依然流传着一种民俗:人们要在清明节这日将风筝飞得高高的,然后割断风筝线,任其飘逝……当地人说,这样一来，一年的"郁闷之气"便都随着风筝远远地走了，这便是"放郁。"

其实，古人早就想到了这一招。不仅"放郁"，还要放走疾病、晦气等一干不好的东西。彼时，人们要将身上的病痛写在风筝上，待风筝飞高了，便用随身携带的小剪刀将其剪断。看着断了线的风筝越飘越远，便意味着所有的灾病、不顺都随之而去了。《红楼梦》里就有这样的桥段：李纨劝林黛玉应该多放风筝，把病根子放掉。紫鹃要去捡风筝，探春却不让，说那是别人的风筝，上头尽是些别人的晦气，自己去捡来了，岂不是自讨苦吃？近年大热的清宫戏里面，更是有不少放风筝以作祈福的桥段。为此，人们设计出了具有祈福、祝福意味的葫芦风筝、寿字风筝、双喜风筝、蝙蝠风筝、扇子风筝、花篮风筝、花瓶

风筝等。从衣食住行用到的物品到祈福纳祥的汉字，皆成为风筝的设计元素。

又到清明时节，一只只风筝趁着东风而上，仿佛人的思绪也跟着它们高飞了。人虽不能飞翔，但风筝却寄予了我们对美好生活的向往。

荡秋千：娱乐游戏界的"老中医"

《红楼梦》中的春日有很多春趣。属于清明时节的，除了放风筝，另一个要数荡秋千。宝玉说，"女儿乐，秋千架上春衫薄。"大观园的女孩子，在春光中荡秋千的样子一定格外美吧！

秋千架上裙角飞扬，笑靥如花，的确，这应该是一项属于女儿家的游戏。可我们的祖先偏偏是在生产劳动中创造了这项活动。早在原始社会，人们为了获取食物，常常需要攀缘上树，于是，他们想到了用荡千秋的方式，最初只是一根绳子，以手抓住绳子从一棵树荡到另一棵树。传说是由北方山戎民族所创，最初叫作"千秋"。春秋时期，齐桓公北征山戎族，将千秋引回中原大地。到了汉武帝时，认为"千秋"与"千秋万寿"有冲突，遂改名为"秋千"。同时，秋千开始有了两根绳子，中间加上一块踏板，跟现在的简易秋千几乎一样。

从获取食物的工具，到成为一种女子游戏，秋千的发迹，从南北朝开始。《荆楚岁时记》中说："立春之日，悉翦彩为燕

以戴之。帖'宜春'二字……为施钩之戏，以绠作篾缆相罥，绵亘数里，鸣鼓牵之……又为打球、秋千之戏。"意思是说，立春之日的风俗，有拔河、打球，还有就是荡秋千。到了唐代，打球、荡秋千二事在唐代徐坚《初学记》里已经纳入"寒食"的习俗。从诗人留存的作品来看，唐宋时期，秋千已经是寒食清明期间必不可少的娱乐游戏。王维《寒食城东即事》"蹴鞠屡过飞鸟上，秋千竞出垂杨里。"蹴鞠与秋千一起出现了；杜甫的《清明》里"十年蹴鞠将雏远，万里秋千习俗同。"说的还是蹴鞠与荡秋千的事儿。如果说蹴鞠是男人们更爱的运动，那么荡秋千理所应当地成为女子们的专属游戏。宋代著名女词人李清照也有一段描写："蹴罢秋千，起来慵整纤纤手。露浓花瘦，薄汗轻衣透。"少女时代的天真烂漫跃然纸上。

五代王仁裕《开元天宝遗事》中写到唐代宫中玩秋千的情景："天宝宫中至寒食节竞竖秋千，令宫嫔辈嬉笑以为宴乐，帝呼为半仙之戏，都中士民因而呼之。"皇帝称荡秋千是"半仙之戏"，可以想见，妃嫔们荡起秋千的样子恍若仙子一般令人沉醉！因为宫中盛行，这项游戏也很快流传到民间，为士民效仿。堪称精致生活范本的宋代人，还别出心裁地发明了"水秋千"。《东京梦华录》中记载，清明前后汴京的金明池（北宋著名皇家园林），人们在船上竖起秋千架。表演者登上秋千，在鼓乐欢呼声中越荡越高，越荡越高，直到与秋千架齐平，脱手离开秋千，跃入水中，划出一道美丽的弧线，引得皇帝、王公大臣和黎民百姓阵阵惊叹。因为荡秋千的普及与盛行，明代的清明节还有了"秋千节"的别称，一直到清代，在清明节荡秋千仍然十分受欢迎。

古时，荡秋千算得上一件美事。女子们换上和春日里相称的靓丽衣衫，而且必须着一条轻薄长裙，随着秋千的高低起伏，在半空中裙角荡漾，令人心神荡漾。虽然到后来，荡秋千不限于女子游戏，男女皆宜。但到底说来，还是女子和秋千更配啊！再加上荡秋千的女子时不时还需要人推两把，就为男男女女的交往提供了一个最恰当不过的借口，爱情的种子就在这荡漾的春光中萌芽了。

大文豪苏东坡的《蝶恋花》这样写道："墙里秋千墙外道。墙外行人，墙里佳人笑。笑声不闻声渐悄。多情却被无情恼。"荡秋千的二八佳人就在那院墙之内，洒下一院落的银铃笑声，引动路人情思泛滥。秋千架上，那些个活泼可爱的，无拘无束的，婀娜多姿的，又或者英姿飒爽的身影，曾令多少男子刮目相看，一见倾心？

古代的女子，娱乐活动本就不多，荡秋千可谓一桩兼具美感与利于身心健康的游戏。因为大家都相信，秋千荡得越高，百病消得越净，生活也会更好。于是，她们从浅尝辄止的翩翩若飞，到完全放下拘束越来越嗨，用笑声驱散了心中郁结，增大了胆量，也忘却了烦恼；舒展了筋骨，也锻炼了身体。可以说，荡秋千真不愧是娱乐游戏界的"老中医"——医得了病，还医得了心呐！

直到现在，荡秋千依然是妇女儿童们最喜爱的游戏方式之一。正所谓"秋千荡一荡，百病从此消；秋千荡得高，生活没烦恼。"

斗鸡：有人因此结怨，有人玩心大发

唐代诗人杜淹有一首专门写清明斗鸡的诗《咏寒食斗鸡应秦王教》："寒食东郊道，扬鞲竞出笼。花冠初照日，芥羽正生风。顾敌知心勇，先鸣觉气雄。长翘频扫阵，利爪屡通中。飞毛遍绿野，洒血渍芳丛。虽然百战胜，会自不论功。"这些鸡可不是普通的家鸡，而是具有超强战斗力的斗鸡。

清明时节，两只斗鸡相遇，颈部羽毛瞬间膨胀，一鸡跳起，一鸡飞跃，一场势均力敌的较量蓄势待发……斗鸡之风在春秋时期刮过一阵旋风，孔子也被卷入这场风波中。在《史记·孔子世家》中有过记载：孔子35岁时，鲁国大夫季平子与郈昭伯因为斗鸡而结怨，季平子假借斗鸡抢夺了郈昭伯的封地，鲁昭公又借此讨伐季平子，但是兵败。鲁昭公被迫逃亡齐国，客死他乡。得鲁昭公礼遇的孔子也被迫从鲁国逃到齐国，从此，一生都被改变了……

为什么会因为斗鸡而结怨呢？在《左传·昭公二十五年》中有这样的记载："季、郈之鸡斗，季氏介其鸡，郈氏为之金距"，就是说季平子将芥末撒在鸡翅膀上，郈昭伯给鸡后爪扎上金属刀子。可以见得，斗鸡的两家都不是什么善茬儿，季平子撒芥末，是想让对方的斗鸡看不清楚；郈昭伯用金属刀子，更是想让季平子的斗鸡受伤。史上最早记录的这场斗鸡，其实并不那么光彩。但是至此之后，斗鸡游戏一直活跃在中国宫廷和官宦之家的生活中，成为一项广受欢迎的娱乐游戏。后来，人们渐渐发现，从清明到夏至这段时间，雄鸡的性情最烈，两鸡厮杀也最为激烈。渐渐地，清明斗鸡便演绎成俗。

　　唐代，斗鸡之风高涨，民间流行斗鸡，宫廷斗鸡活动更甚。最喜欢斗鸡的唐朝皇帝是谁？没错，还是唐玄宗，那个生性爱玩的唐玄宗。据说，在唐玄宗即位前，就已经很倾心民间斗鸡玩法了。等他当了皇帝，便在宫廷内修建了鸡坊，精心挑选长安城中的斗鸡饲养，又召集了500名儿童去专门训练斗鸡，人称"五坊小儿"。有一个年方十三的小儿，名叫贾昌。有一天，他正在城中玩斗鸡，恰巧玄宗经过，觉得他玩得很好，旋即将他招入宫中，专门训练斗鸡。这个贾昌也是没有辜负玄宗的期望，据说自他进宫后，把每一只斗鸡的情况都摸得透透的，玄

宗非常满意，遂晋封他为"鸡坊五百小儿长"。从此，长安城中流传出一首民谣："生儿不必学文字，走马斗鸡做大官。"

到了清明节这一日，唐玄宗还要在骊山举行盛大的斗鸡会。一只只雄鸡气宇轩昂，身披五彩华衣整齐列队，像士兵等待检阅一般。一时间，满场盛气冲天。

斗鸡在唐代的皇宫发展成为宫廷盛事，在民间却渐渐滑向了赌博。唐代韩愈和孟郊以斗鸡为题写过精彩的联句：在胜负未见分晓时"旁惊汗流浣"；优劣分明时一方"知雄欣动颜"，一方"怯负愁受贿"。五代时期，女词人花蕊夫人也写道："寒食清明小殿旁，彩楼双夹斗鸡场。内人对御分明看，先赌红罗被十床。"意思是说，想要斗鸡吗？先用十床被子作赌注啊！

时至今日，在我国山东的菏泽地区、河南的开封，仍然有斗鸡的传统。尤其是菏泽的鲁西斗鸡，有"中国斗鸡"之称。2007年，鲁西斗鸡被列入国家非物质文化遗产娱乐项目加以保护。每年的正月十六、三月三、六月六、十月一，斗鸡都是当地的保留节目，倍受群众喜爱。

第三章 清明,尝鲜正当时

"打千骂万,清明一饭。"

清明时节,我们要吃点什么?作为春天的一个节气和节日,这个时候,大量的鲜货上市了。田间地头的时令野菜,最受欢迎的有春笋、马兰头、香椿、豆苗、清明菜等,从河里爬上来的螺蛳也成了老百姓宠爱的美物。对吃食最讲究的江浙人的餐桌上,有野菜,有螺蛳,有鸡,有鸭,有鱼,一桌像模像样的清明饭已经准备好了。

另外,山西和陕西准备了子推馍和子推燕;四川、贵州的百姓要做清明粑;北方还有些地方要吃馓子(馓子经过油炸后,易于存放不变质。在过去,方便留作寒食节食物),南方有的地方要做卷饼(多卷时令小菜)。最精致的,还数江南人的青团。清明的吃食,有过去寒食旧俗的影子,也有清明尝鲜儿的快意。

民以食为天,清明大如年。吃好,才是幸福生活的开始。

子推燕、子推馍

山西介休绵山脚下,暮春时节乍暖还寒。每逢清明时节,这里的人们都做一种面塑来应景——子推燕。

顾名思义,子推燕,应该是一种长似燕子的食物,而且应该与清明节名人介子推有关。山西人擅做面食,看似普通的面粉在他们的巧手下,能变成一只只栩栩如生的燕子,再用点天然色素染上去,就更加活灵活现了。清明节,做子推燕的习俗在绵山已经延续了2000多年。

宋代《东京梦华录》里有过关于子推燕的记载:"(寒食)前一日谓之'炊熟',用面造枣飞燕,柳条串之,插于门楣,谓之'子推燕'。"做好了面燕,山西人还要用山西的酸枣树或者柳条窜起来,挂在门楣上。人们说,做子推燕,是为了表达对介子推的思念。在介休方言里,"燕"字与"念"字谐音,而"柳"又与"留"谐音,所以,用柳枝穿燕,代表着"思念"和"留念"。过去,人们还给子推燕赋予了神奇的功能:如果家中有人生病,把风干的"子推燕"取下来磨成粉,吃后立马就可以好。

这样的说法自然是没有科学依据的,不过,这也恰巧说明了介子推在当地人心中的分量。

渐渐地,擅做面食的山西人不仅做子推燕,还开始了做子推馍,这一习俗后来也流传到了陕北一带。他们变着花样地捏出了各种小动物和人物,这样的花馍就被称作"子推馍"。现如今,子推馍还有不少其他的叫法,比如"子福""子物""指望"等。这一个个盛装打扮的大白馍,寄托了人们对美好生活的期盼!

山西人做子推燕，一般会做三只摆放在一起，看上去像一个"品"字，象征着介子推高尚的品格。而子推馍一般也是成套的，有一个大的是"总馍"，带着几个小馍。

每一个馍由面团和面塑（也叫面花）两部分组成。面团就是大馒头，有的地方做一个面团需要用上十二两白面，代表十二个月，其内有枣子、核桃、豆子。晋南人还要将这个大馍的外面盘成龙形，龙身中间扎一个鸡蛋，名为"子福"。"子福"代表全家团圆，上坟时，要将"子福"献给祖灵，扫墓完毕后全家分食。

面塑，也就是各种好看的且寓意吉祥的花样面团，和春节期间的面塑差不多，一般也喜用花鸟虫鱼、十二生肖、吉祥喜兽的造型。做面团不难，难的是做面塑。因为制作工艺繁琐，通常是几户人家聚在一起制作，人们将美好的祝愿融入子推馍中，世世代代流传。

做子推馍除了纪念介子推，也寄托着人们缅怀先祖的情思。一年又一年，子推馍在人们的巧手下变得愈发华丽和精致。当地人说，子推馍做得越出彩，就代表着对先人的感情越深重。

清明时节，人们带上新出炉的子推馍，到先人的坟头摆上，告慰祖先，平安无事又一年。之后，人们要将这些馍分食，吃不完的子推馍也要和子推燕一样，挂在门楣上。陕北人则喜用大枣、截成二寸长的高粱秆节相间将之串起来，经阳光的晾晒后存放。还有人将子推馍送给老师，以示尊敬，或寄给远方的

子女,以求平安……

一年清明复一年,子推馍与子推燕,带着人们的思念与期望,在故乡,亦在他乡。

清明食艾：咬下一口春意

春雷滚滚，万物苏醒。最先感知到这份春意的，是竹林里的春笋，还有田间地头、池塘河边的丛丛艾草。它们都带着新春的暖意，款款而来。

能早春时节吃上新笋和新艾的人，都是有福之人。而能吃得上清明艾的人更是掉进了福窝的人。

中国人向来依照节令而食，比如，立春要食生菜，小满食苦菜，端午食蒲菜，在清明，一定是食艾好时节。《本草纲目》里说："春月采嫩艾做菜食，或和面做馄饨如弹子。吞三五枚，以饭压之，治一切鬼恶气，长服止冷痢。又以嫩艾做干饼子，用生姜煎服，止泻痢，及产后泻血，甚妙。"经过几千年的药理研究，中国人发现，艾叶的确有抗菌、平喘、镇咳、祛痰、止血、增强免疫功能等功效。中国人素爱艾草，谓之"神仙草"，和艾草息息相关的节日就有清明和端午。端午挂艾以辟邪，清明食艾以防病，对于艾草这么一株小小的"仙草"，中国人可是寄予了厚望的。

3月伊始,艾草悄然在南方的乡野萌芽。走在田埂上、菜地旁,小河边,处处都是它的身影。若是辨识不出来,只需俯下神,那带着清幽药香的一丛丛嫩绿,定是它。

艾草如何做食?其实一点也不难。清明时节,新笋从地头抽出,艾草嫩得可以掐出一汪水来。清明的艾草,尚且带着露水的滋润。一个叫李子柒的姑娘专门拍了一个视频:掐下最嫩最嫩的艾草尖将艾草丢进铁锅里,加上食用碱焯水后,迅速捞出;放置在清水中淘洗干净,拧干,切成碎末状,再将它们放进石臼里,加水,用木槌搅拌、捣烂,直到全然变为一摊绿泥。此时,再端出一盆糯米粉,将艾草泥与之相和,揉捏成大面团,再搓出一个个圆圆的、粉绿粉绿的小团子来。一部分团子搓成实心,另有一部分中空,再在里面包上事先准备好的嫩笋炒腊肉,像搓汤圆一样地把它搓好;最后放置蒸笼,文火慢蒸。火

候成熟时,掀开蒸笼盖,热气扑面,那些个熟透的团子由粉绿转为油绿,一个个铺在青青的艾草上,隔着屏幕都能闻到阵阵清香……

李子柒在清明节做的这道小食,就是青团。清代著名吃货袁枚在《随园食单》中说:"青糕、青团,捣青草为汁,和粉作糕团。色如碧玉。"当一个个青团躺在瓷盘上,绵柔可爱,自带春光,着实惹人爱。

中国人做青团,已有很长的历史。魏晋时代的上巳节,《荆楚岁时记》中就曾记载:"是日(三月三日),取鼠曲菜汁作羹,以蜜和粉,谓之龙舌𥻗,以厌时气"。这"龙舌𥻗"就是青团的雏形。后来,由于寒食节禁火,龙舌𥻗可冷食,所以摇身一变成为"寒食饼"。随着寒食文化并入清明节,寒食饼也在清明食俗中留下深深的烙印。直到袁枚第一次将其收入著作,并亲昵唤之"青团",延续至今。

在烟雨朦胧的江南,青团备受宠爱。江南的粉墙黛瓦,令青团脱胎换骨,一如江南的小家碧玉,让人倾慕。在水乡乌镇,每到清明时节,仍然能吃到这种碧色的团子。它一般无馅,但也有加入了豆沙、莲蓉、咸蛋黄、肉松、什锦、鲜肉等馅料的,但最受欢迎的,依然是满口实心的青团。乌镇人说,过去,青团主要用以祭祖,现在,也请各位看官来尝尝鲜儿吧!不过,青团取汁儿也不仅选取艾草一种。在温州、台州一带,可以吃到地梅青团;湖南、安徽一带则是茵陈青团;苏州人除了做艾草青团,还会做一种麦苗青团。而艾叶也不止只做青团这一种食物,在不同的地方,人们根据各自的喜好,还可做艾叶糍粑、艾叶饺、艾叶粿,甚至还有艾叶粥、艾叶蛋饼等。

一株小小的艾草,经过春天阳光的洗礼,清明时雨的滋润,带着故土中浓浓的相思情怀,清苦中更有许多回甜。汲取天地之精华,留存祖辈的记忆和深深的乡愁,这是青团,更是清明。

待到清明黄花开,要吃清明粑

"卖清明粑咯,清明粑……"每逢清明,四川的古镇上叫卖清明粑的声音四起,尾音拖得老长。还未见到清明粑,就闻到了它的清香,沁人心脾。清明粑不贵,几块钱一个,清香四溢,入口绵滑,男女老少,无不喜欢。吃不够的,还会买上几个带回家,可以冷食,蒸熟再食风味更佳。

在四川和贵州等地,清明时节,人们总是习惯做这种粑粑。而做清明粑的原材料是一种开小黄花的清明菜。清明菜和艾草其实并不十分容易辨识,最大的区别就是清明菜开小黄花。老人们都说,清明菜开小黄花,那便是故去的亲人在思念你。

清明菜,也是一味中药。在我国广有分布,特别是四川、贵州一带。于清明前后采幼苗食之,具有祛风解表、化痰止咳的功效。清明菜不仅在清明时节开小黄花,还生出绵绵的一层白毛,一摸就能感知。《本草纲目》中也记载了这种小草,说它"言其花黄如麹色,又可和米粉食也。鼠耳,言其叶型如鼠身,又有白毛蒙茸似玉……"

　　清明粑和青团的做法其实大抵相同。都是于清明前后掐尖儿，取那最嫩最嫩的绿芽，洗净切碎后备用。清明菜通常会被分为两部分，用以和春节吃剩下的腊肉丁以及豆腐丁一起翻炒，作为清明粑的馅料。另一部分，则放在石臼中捣烂，倒入糯米粉中揉面用。用以做馅儿的清明菜一定要多留一些，看上去一大盆的清明菜经一番翻炒立马缩为一团。少了，便也尝不出清明菜的什么味儿来了。待和上清明菜汁的面团揉好后，便可揪成一个个团子，将炒好的馅料塞进去，搓成汤圆状待蒸。在重庆的农村，清明粑里不一定有肉馅但一定有清明菜，也不一定要搓成汤圆的样子，甚至还要将它压扁，跟糍粑的样子差不多。咬上一口，别有一番春色涌上心头。一方一俗，在四川的都江堰地区，清明食清明粑的风俗已经不再是为了纪念介子推，而

是为了纪念当地的英雄——主持修建都江堰,为川西平原做出卓越贡献的李冰父子。

在贵州黔南地区,至今仍然流传着清明粑与明建文皇帝的传说。据说,当年建文皇帝遭"靖难之变",流亡到贵州,到了今黔南地区的长顺县白云山,削发为僧。当地的百姓知道后,带上自制的食饼来供奉。偶有一次,建文帝吃到一种粑粑后赞不绝口,得知是采摘当地的清明菜做成,遂取名"清明粑"。后来,徐霞客也追寻建文帝踪迹至此。时值清明时节,他也吃到了这款节令小食,甚是喜欢,称其曰"素食之佳品"。从此后,清明粑从黔南地区流出,传遍整个贵州。

现如今,清明食清明粑已不单单是汉族人的传统习俗,贵州许多侗寨也有这种习俗。"小小甜藤情义深,侗家美味要传承。甜粑不要白糖拌,只要黄草与甜藤。"这是侗家人在清明传唱的歌。他们唱到的甜粑要黄草和甜藤拌,便是这里的清明粑的特色。

黄草,就是清明菜,因为开有黄色小花而得名。清明菜略苦涩,所以要加进去一味甜度较高的野菜进去综合一下味道,这就是甜藤。侗家人做的这道小食,也通常被叫作"黄草粑"。黄草粑和清明粑做法别无二致,只是一方水土造就一方英雄,侗家人在吃黄草粑的时候,也多是为了纪念当地的民族英雄——明洪武年间的起义领袖、军事家吴勉。当年,吴勉带领士兵在黎平起义,为打仗方便,自制黄草粑充饥,而后便流传下来,成为百姓春日里野外劳作的"响午饭"。

一场春雨一片绿。那些小小的、可爱的清明菜又冒出了头。游子归乡,定是闻到了清明菜的幽香。挖清明菜的孩子总会被老人告诫:"不要连根拔哟,留到它的根,第二年才有新的清明菜吃。"待蒸笼揭开,老人们总会挑一个最好看的给小孩子,"清明粑,清明粑,吃了聪明哟!"(取清明与聪明谐音)随手夹起一个,黏糊糊又热乎乎的,入口后又滑又糯,且甜且香且韧,顺着喉咙滑进了肚皮,胃里也有了香糯的温暖。这便是故乡的味道,是乡愁的记忆,是绵长的追思,更是文化的传承。

斗过鸡蛋吃鸡蛋

清明上坟,很多人会提着煮熟的鸡蛋去。孩子们最是乐意,因为他们要将鸡蛋在坟头滚上一滚,一旦发现鸡蛋要滚下坡了,赶紧捡起来。这个鸡蛋,就属于捡到的孩子了。大人们说,吃了清明的鸡蛋会变聪明。

清明吃鸡蛋,是孩子们热衷的游戏,但在过去,有头风病的人却视它为"救命稻草"。传说,很久以前,在湖北孝感一带的一片水乡泽国,人们以打鱼为生。有人患上了头风病,却又无药可施。有一天,神农经过此地,决定要找些草药,医治他们的头痛。三月初三这天,神农去山上挖到了一把野菜,又捡来几个野鸡蛋,他将这些鸡蛋和野菜煮在一起给头痛的人吃,没想到吃完之后,大家的头真的不疼了。于是,三月初三这日吃鸡蛋的习俗便延续了下来。

除了吃鸡蛋,一些地方至今依然有清明"碰鸡蛋"的习俗,玩游戏的还是小孩子。他们将煮熟的鸡蛋互碰,谁的鸡蛋先破了,谁就输了。清明碰鸡蛋,和立夏的斗蛋有些类似。立夏的

时候,人们将煮熟的鸡蛋用冷水浸泡过,再塞进彩线编织的网兜里,让孩子们挂在脖子上。斗蛋的方式和清明碰蛋的方式如出一辙,车轮大战后,还要选出一个"蛋王"。

在唐代这个好玩的朝代,斗蛋竟然斗出了高超的艺术感!每个鸡蛋在入口之前都要进行一番雕琢,人们谓之"镂蛋"或者"画蛋"。诗人白居易就曾写过:"何处春深好,春深寒食家。玲珑镂鸡子,宛转彩球花。"这"镂鸡子"就是刻画花纹的鸡蛋。诗人元稹也有诗曰:"红染桃花雪压梨,玲珑鸡子斗赢时。"看来,画蛋,斗蛋的确在唐代大为流行,但这样好玩的事情却可追溯至六朝时期。《荆楚岁时记》中早就记载了,荆楚之地(今湖湘等地)寒食日里有"斗鸡、镂鸡子、斗鸡子"的习俗。

出这么多幺蛾子到底是为哪般呢？其实，还是为了吃。古人认为，鸡蛋是孕育生命的个体，因此，过去清明吃鸡蛋的多是妇女和儿童。为了求子，人们发明了"临水浮卵"的游戏；为了孩子能够聪明，人们把清明的鸡蛋都留给了孩子。在今天，男女老少在清明都会吃一颗鸡蛋，就像元宵节要吃元宵，端午节要吃粽子一样。吃过清明鸡蛋，一年不生病。

清明一颗小小的鸡蛋，剥开了中国人美好的心愿。

滚过枣蛋馍,才算过清明

山西有个闻喜县,每到清明来临前,街头总是会出现很多卖枣蛋馍的招牌。闻喜县的人说,清明吃枣蛋馍,是他们这里的传统习俗,一是为了纪念死去的亲人,二是图个吉利,为后人祈福。

枣蛋馍,也称作枣摊馍,拳头般大小,里面有枣也有蛋。不光如此,还多用芝麻、花椒叶和在面粉中,里面包的馅料也非常丰富,比如花生碎、红豆、瓜子仁、麻花碎、柿饼碎等。是不是听上去就很好吃?其实,枣蛋馍不光好吃,颜值也颇高。进入炉子中烤出来的枣蛋馍,呈现出金灿灿的色泽,格外诱人。

介子推在绵山被一场大火烧死后,起初当地人为了纪念他,把馒头扔进火里烤,用以祭祀。后来渐渐地往馒头里加料,才有了如今的枣蛋馍。做枣蛋馍,也从单纯纪念介子推演变为纪念死去的亲人了。每年清明上坟时,要先将枣蛋放置在亲人坟前滚一滚,以告慰先人地下有知。之后,大家便会分食了这些枣蛋馍。人们都说,这些滚过的枣蛋带着先人对后人的祝福,吃过最是有福。现在，枣蛋馍不光是人们祭祀先祖的供品，还成为馈赠亲友的礼品。

如今，很多人家都有烤箱，烤枣蛋变得很方便，平日里烤来吃吃也十分解馋。但最好吃的枣蛋馍还是从农村里特有的自带扇火箱的土炉子里烤出来的，带着浓浓的乡土气息。

一颗小小的枣蛋馍，一头系着思念，一头系着祝福，成为闻喜人一年一度的牵挂。

清明螺,赛过鹅

快到清明节的时候,细雨纷纷落满塘,待到雨后天晴,便是清明。这个时候,河塘里的螺蛳已经肥美了,正等待你我去大快朵颐。这,是大自然的馈赠。

四川人吃螺蛳,比较简单粗暴。以前,每到清明时节,总有好吃的大人要去附近的池塘里摸螺蛳。运气好的话,很快就能摸到一箩筐。这些螺蛳被带回家后,要用一个大大的盆子接满水,还要加几滴菜油和盐,然后将螺蛳倒进去,拿个大盖子捂上,每天换水养着。调皮的孩子总是忍不住一天揭开几次去看看,大人们说,等它们把肚子里的污泥都吐得差不多了,就可以下锅了!用最火辣的油辣子爆炒螺蛳,然后一边流着汗,用牙签挑出那螺蛳肉,发出"啧啧啧"的喟叹,一边还意犹未尽地吮吸着螺蛳壳,甚是美味啊!

"清明螺,赛过鹅"。说的是清明时节的螺蛳肥美得刚刚好,可以和鹅肉相媲美了!懂行的人都知道,清明的螺蛳还没有繁殖,待过了这段时日,雌螺蛳就会带子了。很多人都有过这样的经历,清明后再吃螺蛳,总有几个吃到嘴里沙沙作响,像吃到沙子一样,还以为是没有洗干净。其实,那就是吃到了体内有小螺蛳的雌螺蛳。清明的螺蛳肥而不腻,的确是螺蛳中的上品。

不过,要说最会吃螺蛳肉的,还是江南人。他们做螺蛳的花样让人眼花缭乱,头一件就是用针将螺肉挑出来,谓之"挑青。"而后,将挑出来的螺肉和现割的头刀韭菜一炒,那股鲜香味道简直是人间至味。除此之外,还有榨菜螺蛳肉炖蛋、鸡汤螺蛳、上汤螺蛳等。这一桌螺蛳宴,带着春天的精致气息。

清明时节,万物复苏,从泥土里爬出来的螺蛳,个个身上沾满了大地的味道。若是把这鲜物做得太过精致了,反而显得不合时宜,不接地气了,倒不如简单随意一些。所以,清明的螺蛳虽也登得上大雅之堂,到底难掩市井烟火气。春天的夜市,到处是火爆气氛的摊贩,大啖特啖螺蛳肉的老百姓。

清明吃螺,在现在算得上一件时髦事儿。要在过去,更是江南蚕农不得不做的事。旧时,浙江桐乡人称螺蛳为"桃青",病蚕被称作"青娘",人们要在清明当夜"挑青",意为消除蚕病。清光绪年间的《桐乡县志》记载:"食螺蛳,名桃青,病蚕谓之青娘,故云。"吃完螺蛳后,还要将螺蛳壳扔到屋顶上。据说,如此一来,螺蛳壳的响声可以吓跑蚕宝宝的天敌老鼠,也可将瓦刺虫引入壳内消灭掉。螺蛳摇身一变，成了蚕农们的另一道"护身符"。

清明的螺肉，富含丰富的蛋白质和钙质，还有明目去涩、清火去浊之功效。要真挑点毛病，只能说螺蛳里或带有寄生虫，若没有完全煮熟食之，恐有风险。

清明餐桌，野菜当道

清明的餐桌，没有几道野菜是不合时宜的。有客人来家里了，除了上好的明前茶，清爽的时令野菜最受称赞。而一到清明，动辄上百一斤的香椿，也成为网友们议论的热点。过去那些个毫不起眼的野菜，摇身一变竟然成为城里人的稀罕物件，田间地头自由生长之物，竟是如今实现不起的"香椿自由"。

时下的清明节，城里人最喜欢的一种玩法就是组一个"采摘团"，到乡间去搜罗野菜。香椿奇货可居，是清明的一大宝贝，而且营养丰富，很受追捧。吃香椿，其实是吃那嫩嫩的椿芽，和椿树主人谈好后，就可直接上树去摘，想摘多少摘多少，算下来比城里卖得便宜多了。买香椿，还附赠其他野菜。例如这个时节地头还有的芥菜、马兰头、蕨菜、马齿苋、清明菜、血皮菜、折耳根等，带上铁锹，挎上篮子，随你挖。清明食野菜，最大的乐趣便在于亲手采摘。

挖回来的野菜经过淘洗，稍作加工便可食用。不同的野菜也有不同的做法。蒲公英适合素炒或者凉拌。清明的蒲公英最是嫩,有清热解毒之功效。荠菜适合做馅或羹汤。"三月三,荠菜当灵丹。"千百年来,人们还是喜欢用荠菜与鸡蛋或者豆腐做馅捏成包子、饺子、烙饼子,也有人喜用以做羹汤,比如大吃货苏东坡。还有"神菜"折耳根,爱它的人将其奉为神物,称其为人间至美,恨它的人说起那股味道连连摇头,恨不得将其推上"史上最难吃食物"的榜单。折耳根做法最为简单,洗干净后生抽、醋、蒜末、辣椒一拌即可,而且切忌焯水,否则就失掉原来的脆口。

总之,无论是一碗有着"东坡羹"之称的荠菜粥,还是和尖辣椒一起炒的芦蒿;无论是一盘值千金的香椿炒蛋,还是毁誉参半的凉拌折耳根……在钢筋森林里蜗居久了,便渐渐失去了味觉的感知。偏偏是这些最朴实的味道,能拉回过往的记忆,让人在清粥小菜间,找回最本真的东西。

第四章 自带『文艺范』的清明

草木繁茂，雨润风清，这样一个充满诗情画意的清明节，自然而然带着清明澄净的"文艺范"，吸引着古往今来不少文学家和艺术家。

自从宋人张择端画出一幅传世名作《清明上河图》，仿摹的版本便层出不穷，尺幅不尽相同，地点变来变去，人物有多有少，画工各有千秋，但核心主题却始终如一，那就是"清明嘉年华"。

画家们对清明情有独钟，文学家们也不例外。相比因雨伤情的伤感之作，快乐活泼仍然是清明节该有的主旋律。但诗书双绝的《寒食帖》却是个例外。苏东坡所表达的可不仅仅是伤感，而是一种动人心魄的"痛"。

至于现当代作家和艺术家们，他们笔下的清明节则充满了各种乐趣，如周作人上坟船里看"姣姣"的乐趣，丰子恺上坟路上的乐趣，汪曾祺嘬螺蛳的乐趣，以及肖复兴谈清明雨代言清明节的乐趣，各有风味。

画中清明:《清明上河图》

说到清明节,就一定要说到《清明上河图》。作为中国十大传世名画之一,千百年来,《清明上河图》一直为人们津津乐道。

北宋画家张择端的《清明上河图》现存于北京故宫博物院,宽24.8厘米、长528.7厘米,画中有数百个各色人物,衣着不同,神态各异,还有牛、骡、驴等牲畜,并有车、轿、大小船只、房屋、桥梁、城楼等,是一幅兼具历史价值与艺术价值的北宋风俗画,生动记录了北宋都城汴京(今河南开封)社会各阶层人民的生活状况,是当年繁荣的汴京城的见证,也是北宋城市经济情况的真实写照。

《清明上河图》话清明

关于《清明上河图》描绘的场景,学术界一直存在争议,得出的观点一般认为有三:一是认为描绘的是汴京城的清明节即景;二是认为描绘的是从清明坊到虹桥一汴河上河的街景;

《清明上河图》（局部）临摹版

三是有清明盛世的隐喻之意。

　　画卷分为郊外风光、汴河场景、城内街市三部分。画卷右边开端处是薄雾疏林笼罩下的茅舍、草桥、流水、老树、扁舟等，袅袅炊烟升腾，小桥流水人家，北国早春气息盎然。几个脚夫赶着毛驴，正往汴城方向而来。路上还有一行人，有轿夫、挑夫、马匹等，像是从京郊踏青归来。

　　画卷的中段是繁忙热闹的汴河码头，也是画卷的主脉。河面上船只来往，沿河粮仓林立。横跨汴河的木结构拱形桥是画面最为热闹的地方。

　　第三部分是以城楼为中心的市区街道，也是画卷的高潮之处。各种商业活动、手工业活动、漕运以及各色游人等得以展现；酒楼、药铺、香铺、弓店、小茶铺、酒馆、肉铺、当铺、庙观等，街市行人，接踵摩肩，好不热闹！大的商店和宅院都张灯结彩，挂着各种招牌，如正店、孙羊店、赵太丞家等。

一幅《清明上河图》，引得后世多少人竞相描摹。中国出现了很多个清明上河图的摹本，虽然都以清明上河同样的题材做母本，但每个时代的画家都会添加上自己对当时风俗习惯和特征的理解。这其中最有名的，是明代仇英本和清代院本。

张择端本：北宋汴京清明风俗画

张择端版本的画卷，一眼就能找到宋代清明插柳之俗的痕迹。展开画卷，可以看见从郊外的小路上走来一行人，抬轿子的、骑马的，缓缓行进，似乎是刚刚扫墓、踏青归来。再细看，那乘轿子上就装饰着新鲜的杨柳枝条，定是刚刚摘下不久的。和张择端生活在同一时代的孟元老在反映北宋汴梁风俗的《东京梦华录》中也有载："轿子即以杨柳杂花装簇顶上，四垂遮映。自此三日，皆出城上坟，但一百五日最盛。"

孟元老还说："（清明日）四野如市，往往就芳树之下，或园圃之间，罗列杯盘，互相劝酬，都城之歌儿舞女，遍满园亭，抵暮而归。"这段描述，在《清明上河图》中能找到呼应。画面上，人们饮酒聚餐，好不欢乐。坐轿的、赶车的、骑马的、挑担的，做生意的小贩、买东西的主顾，进城的人和出城的人都汇聚在车道上，热闹程度一点也不亚于元宵节，而且还"歌舞遍满,抵暮而归",说是"清明嘉年华"一点也不为过。

万人空巷,大宋风华。这样的清明风情皆在张择端笔下。

仇英本:明代苏州城的繁华清明

明代仇英本的《清明上河图》,现存于辽宁省博物馆,画作比张择端本长近一倍,历来被视作仿本中的精品。仇英本描绘的原型是明代苏州城清明节即景。其繁华、热闹程度不亚于北宋汴京。

从画作上看,单是绘就的人物,就有两千之多,对出现在画面上的各色人物,如官吏、小贩、船夫、妇女、儿童等都进行了细致地刻画;和母本一样,也大量描摹了牛、马、骡子、

驴等牲畜近百匹，车轿等无数。人们在清明节这一天，上墓、踏青，饮酒作乐，热闹非凡。

有一个细节尤其值得说道。和张择端本一样，仇英的画作中，也出现了抬着轿子的一行人，不过，这轿子却是用红色绸缎装饰起来的，而并非用杨柳枝，看起来像娶亲的轿子。难道真的是送亲迎亲的队伍？

明末清初史学家、文学家张岱在一本反映明代风俗的著作《陶庵梦忆》中有一段关于《越俗扫墓》的记载：前去扫墓的男女，均穿着盛装艳服，乘坐装饰华丽的船只，一路上敲锣打鼓，欢呼畅饮，就像杭州人游西湖。张岱说，这是明代江南的一种习俗——厚人薄鬼。仇英画作中的大红轿子应该展现的就是"厚人薄鬼"的习俗。直到现在，浙江绍兴坊间还流传着一首儿歌："正月灯，二月鹞，三月上坟船里看姣姣。"姣姣，就是清明时节装扮艳丽的女子，也是过去"厚人薄鬼"习俗的沿袭。

清院本：各种活动最热闹

清代的乾隆皇帝也是个《清明上河图》的"铁粉"。为此，他专门组织成立了清宫画院，让以陈枚为首的五位宫廷画家临摹该作。专家将此版本称为清院本，现收藏于北京故宫博物院。在这个版本中，几乎所有的清代民俗活动都被吸纳了进去，比如，看戏、杂耍、摔跤比赛等。一方面说明这些活动在清代格外盛行,另一方面也说明,清明节的确是一个欢乐热闹的节日。

　　清院本中的关于清明放风筝、荡秋千的描绘最为出彩。从画上可以看到,几个大人正带着孩子在河边放着风筝,好看的蝴蝶形的风筝,格外引人注目。清人潘荣陛所著《帝京岁时纪胜》中就有如此记载:"清明扫墓,倾城男女,纷出四郊,提酪挈盒,轮毂相望。各携纸鸢线轴,祭扫毕,即于坟前施放较胜。"男男女女,不仅要放风筝,还要进行风筝比赛。而在一处大宅院里,一华衣女子正在荡着秋千,她在秋千架上,显得神采奕奕。宅子的其他女子,或赏花,或围观,好一派惬意的春景。

荡秋千是民间女子钟爱的游戏，也是宫廷女子的游戏项目。清代，每到清明时节，紫禁城中的坤宁宫和皇后所居的宫院都要摆一架秋千，供皇后和后妃们玩乐。

可以说，历代版本的《清明上河图》都是不同时代清明节的真实写照，主题无外乎都围绕着祭祖、踏青、举行民俗活动而展开。盛世出清明，这些不同版本的画作，不仅让我们看到了清明风俗的演变，也看到百姓祥和安乐的生活。

苏东坡与《寒食帖》

每逢清明节，不知不觉会想起苏东坡的《寒食帖》。

宋神宗元丰五年（1082年），苏东坡因"乌台诗案"（乌台诗案发生于元丰二年（1079年），宋神宗赵顼即位不久后推行改革颁布新法。以王安石为代表的革新派与以司马光为代表的守旧派在朝野明争暗斗。作为守旧派的拥护者，苏东坡曾多次上书宋神宗，明确表达自己对变法的反对态度。后来，苏东坡由徐州贬调到湖州。临行前，他例行公事作《湖州谢上表》，时御史何正臣等上表弹劾苏东坡，说他用语暗藏讥刺朝政，随后又牵连出大量苏轼诗文为证。这案件先由监察御史告发，后在御史台狱受审。据《汉书·薛宣朱博传》记载，御史台中有柏树，野乌鸦数千栖居其上，故称御史台为"乌台"，亦称"柏台"。"乌台诗案"由此得名。苏东坡在御史台熬过103个日夜，终收到将其贬下黄州，充任团练副使的圣旨。"乌台诗案"得以了结，苏东坡前往黄州就任。）被贬黄州的第三年寒食节，时年45岁的苏东坡作两首寒食诗抒发心中惆怅孤独，而写下此卷大概在翌年，或元丰七年（1084年）离开黄州以后。东坡撰诗并书的《寒食帖》，又名《黄州寒食诗帖》《黄州寒食帖》，横34.2厘米，纵18.9厘米，行书17行，129字，被称为"天下三大行书"之一，现藏台北故宫博物院。

《寒食帖》书两首五言诗——

其一："自我来黄州，已过三寒食。年年欲惜春，春去不容惜。今年又苦雨，两月秋萧瑟。卧闻海棠花，泥污燕脂雪。暗中偷负去，夜半真有力，何殊病少年，病起头已白。"

其二："春江欲入户，雨势来不已。小屋如渔舟，濛濛水云里。空庖煮寒菜，破灶烧湿苇。那知是寒食，但见乌衔纸。君门深九重，坟墓在万里。也拟哭途穷，死灰吹不起。"

在第一首诗里，他说："自从我来到黄州，已经度过三次寒食节了。每年都惋惜着春天残落，却无奈春光离去并不需要人的悼惜……"第二首诗里，他又说："本来不知道今天是什么时候，看见乌鸦衔着纸钱，才想到今天是寒食节。想回去报效朝廷，无奈国君门深九重，可望而不可即；想回故乡，但是祖坟却远隔万里……"

寒食上墓，是宋代清明的一大习俗。这一日阴雨绵绵。心中愁苦又无所事事的东坡，本想翻一些干芦苇来烧火做午饭，可哪里找得到干的，几乎都是湿的了。"扑腾腾"，一只衔着纸钱的乌鸦飞过，东坡才恍然大悟，"今日是寒食节。"离开家已三年，这个特别的日子里，自己却不能回家去祭扫，告慰已故的父亲、早亡的发妻，心中甚是悲凉。

《寒食帖》诗作苍凉多情，映照出诗人当时孤独、落寞的心情；然而书法却起伏跌宕，气势奔放，而无荒率之笔。身在黄州的苏东坡穷困潦倒，郁郁不得志，是他一生中最难挨的几年，然而，他的书法却没有丝毫悲悯之感，依然是洋洋洒洒，坚定乐观。其实，只要读过东坡的另一首《定风波》，便不能理解了。"回首向来萧瑟处，归去，也无风雨也无晴。"这一首词写于元丰五年（1082年）的春天，也正是他到黄州的第三年。面对人生的风风雨雨依旧我行我素、不畏坎坷。蒋勋先生说："《寒食帖》写得平白自在，无一点做态，也正是这纷华去尽，返璞归真的结果吧。"

留住清明的诗情画意

"清明时节雨纷纷,路上行人欲断魂。借问酒店何处有,牧童遥指杏花村。"说到清明的古诗,大家总会想到这一首。清明节,在唐代诗人杜牧的笔下充满了悲凉的情感基调,以至于后人每每读到此处,总是落寞伤怀,悲悲戚戚。

清明节,是个色彩非常浓重的节日,但它的感情基调绝不只哀伤这一种。其实你仔细品品杜牧的这首诗也能感受到希望:"借问酒店何处有,牧童遥指杏花村"。诗人话锋一转,将春天的气息带入,那个叫杏花村的地方一定已是杏花开遍,让人看了欣慰。

清明是个特别的节日,在这个节日里,我们要祭祖,表达我们的思念;我们也要迎接春天,表达对生活的热爱。在这样一个承载两种情感的纽带上,诗人自然诗情大发,写下了不少经典名篇。单唐宋两代,有关清明的古诗就有 300 多首。

清明时节,本说不上高兴,也说不上不高兴,宋代诗人吴文英听着这凄风苦雨,偏偏暗生不少落寞。"听风听雨过清明。

愁草瘗花铭。楼前绿暗分携路,一丝柳、一寸柔情。料峭春寒中酒,交加晓梦啼莺。西园日日扫林亭。依旧赏新晴。黄蜂频扑秋千索,有当时、纤手香凝。惆怅双鸳不到,幽阶一夜苔生。"(《风入松·听风听雨过清明》)

诗人满怀忧愁地起草葬花之铭,本是风雅之事。喝了点小酒,本想借着梦境与佳人重逢,不料啼莺又来搅乱。西园的亭台和树林,照旧每日打扫,仍有春景可赏。佳人荡过的秋千,还有留下的芳馨。然后,倩影再也没有音信。只有那幽寂的空阶,一夜间竟长出青青苔藓。

诗人用词虽然很淡,但依然能嗅到浅浅的忧伤。清明时节,很难说诗人是在感伤这个日子还是在感伤这个春天。有道是"才过清明,渐觉伤春暮",这刚到清明,愁绪已经无处安放了。

王安石之子王雱也有满腹的清明牢骚。"露晞向晚,帘幕风轻,小院闲昼。翠迳莺来,惊下乱红铺绣。倚危墙,登高榭,海棠经雨胭脂透。算韶华,又因循过了,清明时候。"(《倦寻芳慢·露晞向晚》)下过微雨,落红满地,经雨的海棠也正是最鼎盛之际,再往后,便要凋落了。过了清明,春光渐尽,韶光易逝,来去之间,诗人颇为神伤。"好景良辰,谁共携手?"现下,虽有"好景良辰",但无人携手共赏春光,也就不免情倦了。"这情怀,对东风,尽成消瘦。"

但也有不那么多愁善感的人在尽情享受着春光的美好。"清明上巳西湖好,满目繁华。争道谁家,绿柳朱轮走钿车。游人

日暮相将去，醒醉喧哗。路转堤斜，直到城头总是花。"欧阳修的《采桑子》为我们勾勒了一幅生动繁华的清明游春图，多么令人神往！人们争先恐后地涌到西湖边来，甚至酩酊大醉，直到日暮方才兴尽而归。回城的路上开满了春天的小野花，姑娘们头上簪着花朵，身着艳丽的衣裳，所以作者用了一个"总"字。美美地去踏青，这才是清明的正确打开方式。节日的味道、世俗的人情，皆在欧阳修的清明里了。

古时的清明习俗颇多，且深有意趣。"蹴鞠屡过飞鸟上，秋千竞出垂杨里。"唐代诗人王维的一首《寒食城东即事》，蹴鞠多是男人的游戏，秋千是女孩的最爱；清代诗人高鼎曰："儿童散学归来早，忙趁东风放纸鸢。"放风筝，是小孩子最乐意的春季活动。俗话说得好，不以开心为目的的放假都是耍流氓。尽管清明诗词中不乏悼亡之情、思归心绪，不乏人生无常、忧国忧民的情怀，不免有韶华易逝的喟叹，深闺幽怨……但终归还是要尽情欢愉的。

人间三月芳菲始，又是一年清明时。不妨沐浴春风，坐看春光，品读经典，感怀清明。

名家写清明

中国人喜欢过清明节,自古如是。除了古代诗人笔下画风不一的清明外,中国现当代也有很多大家写过他们的清明。字里行间,无不流露出对这个节日的喜爱。

周作人:故乡的清明开着紫云英

清明的野菜,作家周作人就曾花大篇幅在《故乡的野菜》一文中细细数来。

"清明前后扫墓时,有些人家——大约是保存古风的人家——用黄花麦果作供,但不作饼状,做成小颗如指顶大,或细条如小指,以五六个作一攒,名曰茧果,不知是什么意思,或因蚕上山时设祭,也用这种食品,故有是称,亦未可知。自从十二三岁时外出不参与外祖家扫墓以后,不复见过茧果,近来住在北京,也不再见黄花麦果的影子了。"周作人说他的故乡不止一个,凡住过的地方都是故乡。从文中读来,有黄花麦作糕,有蚕花会,可知他这里写的是住过十几年的浙东。

浙东的清明扫墓时,可以吃到一种叫紫云英的野菜。周作人说它:"农人在收获后,播种田内,用作肥料,是一种很被贱视的植物,但采取嫩茎瀹食,味颇鲜美,似豌豆苗。花紫红色,数十亩接连不断,一片锦绣,如铺着华美的地毯,非常好看,而且花朵状若蝴蝶,又如鸡雏,尤为小孩所喜,间有白色的花,相传可以治痢。很是珍重,但不易得。"

紫云英,花开四月,每当燕子呢喃时,紫云英便在田间烂漫开花了,因此,在乡间也有了"燕子花"之名。紫云英的花,多呈紫红色,盛放之时,像是给山村铺上了一层紫白色的花毯。

周作人继续写道:"中国古来没有花环,但紫云英的花球却

是小孩常玩的东西，这一层我还替那些小人们欣幸的。浙东扫墓用鼓吹，所以少年常随了乐音去看'上坟船里的姣姣'；没有钱的人家虽没有鼓吹，但是船头上篷窗下总露出些紫云英和杜鹃的花束，这也就是上坟船的确实的证据了。"上坟船里的姑娘们也用紫云英和杜鹃编成花束，装饰自己，可见紫云英花着实好看。

至于紫云英的口感，"味颇鲜美，似豌豆苗"。现代人还喜用其花蜜做紫云英蜜，甜而不腻，深受大家的喜爱。

丰子恺儿时最喜爱的节日

丰子恺先生曾作一系列清明节的小画，并将儿时清明的记忆付诸文字。在丰子恺的笔墨之下，清明节绝对是一个欢乐的节日。他自己也说："清明例行扫墓。扫墓照理是悲哀的事……然而在我幼时，清明扫墓是一件无上的乐事。人们借佛游春，我们是'借墓游春'。"

垂柳之下，绿草茵茵。踏青的人头戴礼帽从远处走来，女人们在翻弄着草地，像是在挖什么东西。这幅画，丰子恺题名为《踏青挑菜》。挑菜，就是去野地里摘各种新鲜的野菜，以解口腹之欲。清明时节，正是踏青、挖野菜的好时节。这耀眼的春光，单一幅画是不够表现的，于是，他又作了另一幅《游春人在画中行》。

丰子恺《游春人在画中行》(临摹版)

丰子恺的老家在浙江嘉兴桐乡石门镇，小时候的丰子恺，要跟着大人步行去上坟三日。第一天，寒食，下午上"杨庄坟"；第二天，正清明，上"大家坟"，就是去上同族公共的祖坟；第三天，上私房坟。

"清明三天，我们每天都去上坟。第一天，寒食，下午上'杨庄坟'。杨庄坟离镇五六里路，水路不通，必须步行。老幼都不去，我七八岁就参加。茂生大伯挑了一担祭品走在前面，大家跟他走，一路上采桃花，偷新蚕豆，不亦乐乎。到了坟上，大家息足，茂生大伯到附近农家去，借一只桌子和两只条凳来，于是陈设祭品，依次跪拜。拜过之后，自由玩耍。有的吃甜麦塌饼，有的吃粽子，有的拔蚕豆梗来做笛子。"可以一路采桃花，可以偷新蚕豆，还有得吃，有得玩，对于孩子来说，自然是欢乐的。

在丰子恺的记忆里，清明上坟还有一件乐事，就是抢鸡蛋吃。"孩子们还有一件乐事，是抢鸡蛋吃。每到一个坟上，除对祖宗的一桌祭品以外，必定还有一只小匾，内设小鱼、小肉、鸡蛋，酒和香烛，是请土地爷爷吃的，叫做拜坟墓土地。孩子们中，谁先向坟墓土地叩头，谁先抢得鸡蛋。我难得抢到，觉得这鸡蛋的确比平常的好吃。"

小孩子觉得上坟是乐事，其实大人也是这么认为的。"我们终年住在那市井尘嚣中的低小狭窄的百年老屋里，一朝来到乡村田野，感觉异常新鲜，心情特别快适，好似遨游五湖四海。

因此我们把清明扫墓当作无上的乐事。"丰子恺的父亲曾经写过八首《扫墓竹枝词》,其中有"风柔日丽艳阳天,老幼人人笑口开。三岁玉儿娇小甚,也教抱上画船来"。借着清明的春光,人们纷纷走出家门,舒筋活骨,排解心绪。再没有什么比走入春天的画卷里更让人高兴了。

汪曾祺的清明,吃螺蛳与螺蛳弓

当代著名吃货汪曾祺老爷子说起家乡江苏高邮的吃食来也有一箩筐。每逢清明,高邮的细雨斜织,清新的空气中,肥美的螺蛳从泥土中爬了出来,"清明螺,赛过鹅",这是天赐的美物。一口螺蛳,一口青梅酒,日子不要太安逸!

每到清明前,江南各地的食店会有各色各样吃螺蛳的广告出来。"嘬螺蛳""吮螺蛳""啄螺蛳"……这螺蛳到底怎么个吃法?上海人精致,一般说"嘬螺蛳",这个"嘬"字,有吮吸的意思。但也有人吐槽说,"嘬"带有戏谑的调侃,也不见得合适。但到底,"嘬螺蛳"是江南人的一大本事,他们自己说起来更是津津乐道。

"螺蛳处处有之。我们家乡清明吃螺蛳,谓可以明目。用五香煮熟螺蛳,分给孩子,一人半碗,由他们自己用竹签挑着吃。"汪老在《故乡的味道》中回忆起幼时清明的那半碗螺蛳,用五香大料熬煮,是孩子们的零食。这螺蛳吃了能明目,用竹签挑着挑着,就吃完了。

螺蛳不仅能吃,还能玩。他在另一篇小说《戴车匠》里又写道:"孩子们除了吃,还可以玩——用螺蛳弓把螺蛳壳射出去。"螺丝弓是一个姓戴的车匠做的,"到了接近清明,戴车匠家就都是孩子。螺蛳弓分大、中、小三号,弹力有差,射程远近不同,价钱也不一样。孩子们眼睛发亮,挑选着,比较着,挨挨挤挤,叽叽喳喳,好不热闹。到清明那天,听吧,到处是拉弓放箭的声音:'哒——哒!'戴车匠每年照例要给他的儿子做一张特号的大弓。所有的孩子看了都羡慕。"螺蛳不仅能吃,还成了孩子们的玩具,你说这螺蛳好不好?

清明,让人快活的东西实在太多了,吃喝玩乐,衣食住行,方方面面。所以,大家笔下的清明皆是乐活的,找不到感伤的痕迹。正如汪曾祺所言:"我们有过各种创伤,但我们今天应该快活。"放在这里,特别合适。

肖复兴眼中的清明：杏花雨、梨花风、绿柳枝

清明雨，作为清明节的文化标识，作家肖复兴也是认同的。"大概是杜牧那首有名的诗的缘故：'清明时节雨纷纷，路上行人欲断魂'，清明给人的第一印象就是为死去的亲人扫墓，而且，这一天总应该下雨才好才对。下着的，是那种沾衣欲湿的'杏花雨'。有一首歌的名字就叫《清明雨》。"

杏花春雨，该是一幅动人的画面。

"清明雨，更多的是我们内心对于死去亲人的一种情感表达的象征物。"在肖复兴看来，清明这一天，需要迎接的不仅是清明雨，还有清明的风。正所谓"梨花风起正清明，游子寻春半出城。"清风的风，还能助力风筝飞上天。"我小时候，没钱买风筝，自己用纸糊一个风筝，不过是用一张白纸糊在秫秸秆上，下面垂几条白纸条，北京人叫作'屁股帘儿'，照样放得热火朝天。放风筝，靠的是风。清明前后，风不紧不慢，正是放风筝的好时候。"清风正春天，离盛夏尚还有一段时日，所以，清明的风并不如早春二月时的料峭，也没有燥热的夏气。"柳树早已经是一片旺绿了，草色也不再只是遥看近却无，而是茵茵如一片绿色地毯了。春花已经开过了一茬，玉兰、桃花、迎春都开谢了，这时候开得正旺的是梨花。如果到了梨园，一片洁白如雪，正好与清明扫墓相配，是上天在墓前献上的祭祀的白花。"春光正好，微风不燥，吹开了各种各样的春花，更吹开了人们的心花。

随之出场的,少不得柳。"在老北京,清明这一天,寻春半出城,主要到高粱桥外。那里两水夹堤,垂杨十里,《帝京景物略》引诗云:'彼美都人士,出郭清明游,高粱桥西畔,柳软莎亦柔。'在这里,除了梨花之外,柳树出场了,且成为出演清明的重要角色。在过去的很长一段时间里,有折枝簪柳戴于发间的民俗。"

杏花雨、梨花风和绿柳枝,成为清明最佳的代言人。

"清明是万物复苏的时候,活着的人要好好活着,才对得起死去的人。"